Pret tādām lietām nav bauslības

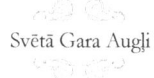

Svētā Gara Augļi

Pret tādām lietām nav bauslības

Dr. Džejs Roks Lī

Pret tādām lietām nav bauslības Autors dr. Džejs Roks Lī
Izdots „Urim Buks" (Pārstāvis: Sungnam Vin)
361-66, Shindaebang-Dong, Dongjak-Gu, Seula, Koreja.
www.urimbooks.com

Visas tiesības aizsargātas. Grāmata, daļēji vai pilnībā, nedrīkst tikt pavairota nekādā formā, saglabāta meklētājsistēmā vai nodota jebkādā citā veidā – elektroniskā, mehāniskā, ar fotokopēšanu un savādāk – bez iepriekšējas rakstiskas izdevēja atļaujas.

Autortiesības © 2013 pieder dr. Džejam Rokam Lī.
ISBN: 979-11-263-0832-3 03230
Tulkots © 2012 Dr. Estere Čanga. Lietots ar atļauju.

Iepriekš grāmata bija publicēta korejiešu valodā Seulā (Koreja), izdevniecībā „Urim Buks" 2009.g.

Redaktors – dr. Gims San Vins.
Dizains veidots izdevniecības redakcijas birojā „Urim Buks."
Pēc papildus informācijas vērsties elektroniskajā pastā:
urimbook@hotmail.com

*„Bet Gara augļi ir mīlestība, prieks, miers, pacietība,
laipnība, labprātība, uzticamība, lēnprātība, atturība.
Pret tādām lietām nav bauslības,"
(Vēst. Galatiešiem 5:22-23).*

Priekšvārds

Kristieši iegūst brīvību pienesot Svētā Gara augļus; pret tādām lietām nav bauslības.

Katram jāievēro likumi un noteikumi, vadoties no konkrētās situācijas. Ja ļaudis uzskata likumus par važām, kas tos iegrožo, tad likumi tos apgrūtinās un šķitīs darām dzīvi smagāku. Un ja viņi, vēloties atbrīvoties no jūga, nodosies izlaidībai un neturēsies pie kārtības, tad tas nenozīmē, ka viņi ieguvuši brīvību. Ja viņi izdabās visām savām iegribām, tad tos pārņems augstprātība, un beigu rezultātā nekas, izņemot mūžīgo nāvi, tos negaida.

Patiesībā brīvība – tā ir atbrīvošanās no mūžīgās nāves, no visām asarām, bēdām un sāpēm. Tā ir tāpat arī kontrole pār grēcīgo dabu, kura rada visas šīs ciešanas, un mācēšana savaldīt šo dabu. Mīlestības Dievs nepavisam negrib, lai mēs ciestu, tādēļ Viņš Bībelē aprakstījis ceļus, pa kuriem ejot mēs baudīsim patieso brīvību.

Noziedznieki un likumu pārkāpēji sāk nervozēt, ja ierauga policiju. Taču neko tamlīdzīgu neizjūt likuma paklausīgie ļaudis. Viņi, tieši otrādi, vēršas pie policijas pēc palīdzības un policistu klātbūtnē jūtas drošībā.

Tieši tāpat arī tie, kas dzīvo patiesībā, neko nebaidās. Viņi priecājas par īsto brīvību, jo viņi saprot, ka Dieva Likums – tas ir ceļš pie svētībām. Viņi bauda brīvību līdzīgi vaļiem, kas peld bezgalīgā okeānā, un ērgļiem, kas planē debesīs.

Dieva likumu var iedalīt četrās daļās. Tajā tiek runāts par to, ko darīt, un ko nedarīt, ko glabāt, un no kā atbrīvoties. Laiks iet un jo tālāk, jo vairāk pasaule iegrimst grēkos un ļaunumā un tādēļ vairojas to ļaužu skaits, priekš kuriem Dieva Baušļi – tas ir apgrūtinājums, un viņi tos nepilda. No Vecās Derības laikiem pār Izraēlas tautu nāca ne mazums ciešanu, kad viņi nepildīja Mozus Baušļus.

Dievs sūtīja Jēzu uz šo zemi un atbrīvoja visus no Bauslības lāsta. Bezgrēcīgais Jēzus nomira pie krusta, tādēļ katrs, kas Viņam tic, var būt glābts ticībā. Tie, kas pieņēmuši Jēzu Kristu, saņem Dāvanā Svēto Garu un kļūst par Dieva bērniem, kuri var pienest Svētā Gara augļus, Svētā Gara vadībā.

Kad Svētais Gars ienāk mūsu sirdī, Viņš palīdz mums iepazīt Dieva dziļumus un dzīvot pēc Dieva vārda. Piemēram, kad mēs nevaram kādam piedot, Viņš atgādina par Kunga piedošanu un mīlestību, palīdz mums piedot šim cilvēkam. Un tad mēs varam attīrīt savu sirdi no ļaunuma un piepildīt to ar labestību un mīlestību. Paša Svētā Gara vadībā mēs, pienesot Svētā Gara augļus, ne tikai baudīsim patieso brīvību, bet arī saņemsim pārpilnībā Dieva mīlestību un svētības.

Caur Svētā Gara augli var novērtēt savu svēttapšanas līmeni, pārbaudīt, cik mēs esam pietuvinājušies Dieva Tronim un kādā mērā mēs esam izaudzējuši sevī Kunga, mūsu Līgavaiņa sirdi. Jo lielāks Svētā Gara auglis, ko mēs pienesam, jo spožāki un brīnišķāki būs Debesu mājokļi, kuros mēs ieiesim. Bet, lai ieietu Jaunajā Jeruzalemē, mums jāpienes brīnišķīgie Svētā Gara augļi pilnā mērā, un nav jāsamierinās tikai ar vienu no tiem.

Dotā grāmata, „Pret tādām lietām nav bauslības," palīdzēs mums saprast Deviņu Svētā Gara augļu nozīmi ar konkrētiem piemēriem. Kopā ar garīgo mīlestību, kas aprakstīta 1. vēstulē Korintiešiem 13.

nodaļā, un Svētības Baušļiem no Mateja Evaņģēlija (5. nodaļa), Svētā Gara augļi – tie ir sava veida rādītāji, kas virza mūs pie patiesas ticības. Un tie līdz pēdējam vadīs mūs, kamēr mēs nesasniegsim mūsu ticības beigu distanci – Jauno Jeruzalemi.

Es pateicos Gimam San Vinam, redakcijas biroja direktoram, un visiem biroja līdzstrādniekiem par darbu pie šīs grāmata izdošanas. Es lūdzos mūsu Kunga vārdā, lai šī grāmata palīdzētu mums pēc iespējas ātrāk pienest Deviņus Svētā Gara augļus, lai būtu iespēja baudīt patieso brīvību un kļūt par Jaunās Jeruzalemes iedzīvotājie

Džejs Roks Lī

Ievads

Ceļa rādītājs, uz ticības ceļa,
kurš ved uz Jauno Jeruzalemi.

Mūsdienu pasaulē visiem ir daudz rūpju. Ļaudis strādā vaiga sviedros, lai iegūtu vairāk mantu un saņemtu no tā apmierinājumu. Un tomēr dažiem cilvēkiem, pretēji šīs pasaules tendencēm, ir savi dzīves mērķi. Bet pat šie ļaudis laiku pa laikam uzdod sev jautājumu, vai tie dzīvo tā kā vajag. Tādos momentos viņi sāk atskatīties uz savu pagātni. Kad mēs vērtējam sevi, salīdzinot ar Dieva Vārdu, tad mūsu ticības ceļā būs ātra pacelšanās un īsākās takas, kas ved uz Debesu Valstību.

1. nodaļa, „Priekš tā, lai pienestu
Gara augli", stāsta par Svēto Garu, Kurš atdzīvina garu, kas nomira Ādama grēkā krišanas rezultātā. Tajā runāts par to, ka mēs varam pienest bagātīgus Svētā Gara augļus, pildot Svētā Gara vēlmes.

2. nodaļa, „Mīlestība", izskaidro
mums, kas ir mīlestība, kā pirmais Gara auglis. Šajā nodaļā tāpat runāts par dažām izkropļotām mīlestības formām, kas

radušās no tā laika, kad Ādams sagrēkoja, un tāpat parāda Dievam tīkamos mīlestības izkopšanas ceļus.

3. nodaļa, „Prieks" stāsta par to
prieku, kas ir galvenais standarts, kas liecina par mūsu ticības patiesumu un iemesliem, kuru dēļ mēs zaudējam pirmās mīlestības prieku. Tajā tāpat runāts par trim veidiem, kas ļauj pienest prieka augli, kurš nepazūd ne pie kādiem apstākļiem un situācijām.

4. nodaļa, „Miers", pārliecina
mūs par to, cik svarīgi sagraut grēka sienas, lai iegūtu mieru ar Dievu, būtu mierā pats ar sevi un apkārtējiem. Un vēl, tā dod mums iespēju saprast, cik svarīgi runāt labus vārdus un mācēt paskatīties uz lietām ar citu cilvēku acīm, lai saglabātu mieru.

5. nodaļa, „Pacietība", skaidro
mums, ka īsta pacietība nenozīmē māku apspiest sevī nepatīkamas jūtas; tā – spēja parādīt pacietību ar labestīgu sirdi,

brīvu no ļaunuma. Un tikai tad mēs varēsim saņemt svētības, kad mūsos ir patiess miers. Šajā nodaļā apskatīti trīs pacietības tipi: pacietība, kura maina cilvēku sirdis, pacietība attiecībā uz cilvēkiem un Dieva pacietība.

6. nodaļa, „Laipnība",
pamatojoties uz Kunga piemēru māca mūs, kādu cilvēku var uzskatīt par laipnu. Izpētot laipnības raksturojumu, šī nodaļa stāsta mums par to, kā laipnība atšķiras no mīlestības. Un vēl: šajā nodaļā norādīts ceļš pie Dieva mīlestības svētību saņemšanas.

7. nodaļa, „Labprātība", stāsta
mums par to, kāda ir labprātīga sirds, ņemot par piemēru Kungu, Kurš „nebārās un savu balsi nepacēla, ielūzušu niedri nesalauza un kvēlojošu dakti nenodzēsa." Lai mēs varētu pienest labprātības augli un izplatīt Kristus labo smaržu, šajā nodaļā parādīta labprātības atšķirība no citiem augļiem.

8. nodaļa, „Uzticamība" māca
mūs, kādas svētības saņems tie, kas uzticīgi visā Dieva namā.
Lietojot kā piemērus Mozu un Jāzepu, šī nodaļa ļauj mums saprast,
kādam jābūt cilvēkam, lai pienestu uzticības augli.

9. nodaļa, „Lēnprātība", skaidro
mums, ko nozīmē – būt lēnprātīgam Dieva acīs un apraksta to
īpašības, kas pienes lēnprātības augli. Šī nodaļa dod mums tāpat
četru tipu augsnes aprakstus, kuros veidojas lēnprātības auglis. Un
beidzot, tajā runāts par svētībām, kuras sagaida lēnprātīgos.

10. nodaļa, „Atturība", parāda
iemeslu, kura dēļ atturība tiek pieminēta, kā pēdējā no Svētā
Gara augļiem, un runā par atturības svarīgumu. Atturības auglistas ir tas, bez kā nav iespējams iztikt, tas kontrolē visus pārējos
astoņus Svētā Gara augļus.

11. nodaļa, „Pret tādām lietām nav bauslības" – šīs grāmatas nobeiguma nodaļa. Tā palīdz mums saprast paklausības Svētajam Garam, svarīgumu. Tajā izteikts novēlējums, lai visi lasītāji, cik iespējams ātrāk, ar Svētā Gara palīdzību ieietu gara pilnībā.

Mēs nevaram pateikt, ka mūsos ir ticība tikai tādēļ, ka mēs esam ticīgie ar stāžu un labi zinām Bībeli. Ticības mērs tiek noteikts ar to, cik mēs esam izmainījuši savu sirdi patiesības sirdī un kādā mērā mēs esam sevī izveidojuši Kunga sirdi.

Es ceru, ka visi lasītāji varēs pārbaudīt savu ticību, un svētā Gara vadībā pienest Deviņus bagātīgus Svētā Gara augļus.

Gims San Vins
redakcijas biroja direktors

SATURS
Pret tādām lietām nav bauslības

Predgovor · vii

Uvod · xi

Poglavlje 1
Gajiti plodove Svetog Duha — 1

Poglavlje 2
Ljubav — 13

Poglavlje 3
Radost — 29

Poglavlje 4
Mir — 49

Poglavlje 5
Strpljenje — 69

Poglavlje 6

Dobrota 87

Poglavlje 7

Milost 103

Poglavlje 8

Vera 119

Poglavlje 9

Krotkost 137

Poglavlje 10

Uzdržanje 159

Poglavlje 11

Protiv takvih stvari nema zakona 175

Pret tādām lietām nav bauslības

Galatiešiem 5:16-21

„Bet Es saku: staigājiet garā, tad jūs miesas kārību savaldīsiet. Jo miesas tieksmes ir pret garu, bet gara tieksmes ir pret miesu, jo šie divi viens otram stāv pretī, ka jūs nedarāt to, ko gribat. Bet, ja Gars jūs vada, tad jūs vairs neesat padoti bauslībai. Bet zināmi ir miesas darbi: tie ir netiklība, nešķīstība, izlaidība, elku kalpība, buršana, ienaids, strīdi, nenovīdība, dusmas, ķildas, šķelšanās, ķecerība, skaudība, dzeršana, dzīrošana un tamlīdzīgas lietas, par kurām es iepriekš saku, kā jau esmu senāk sacījis: tie, kas tādas lietas dara, nemantos Dieva valstību,"Vēst.

1.nodaļa

Lai pienestu Gara augli

Lai pienestu Gara augli
Svētais Gars atdzīvina mūsu mirušo garu
Lai pienestu Gara augli
Svētā Gara vēlmes un miesas vēlmes
Lai nepagurstam labu darot

Lai pienestu Gara augļi

Autovadītājiem būtu viegli vadīt mašīnu, ja viņi brauktu pa tukšu automaģistrāli. Bet, ja viņi brauktu pa nepazīstamiem ceļiem, viņiem vienalga nāktos būt uzmanīgākiem un modrākiem. Bet, kā, ja mašīnā ir navigators? Tad vadītāja acu priekšā būs detalizēta informācija par ceļu un navigators parādīs pareizo kustības virzienu. Tā ka vadītājs bez problēmām aizkļūs līdz nozīmētajai vietai un nenomaldīsies no ceļa.

Mūsu ceļš ticībā, kas ved uz Debesu Valstību, līdzīgs šai situācijai. Tie, kas tic Dievam un dzīvo pēc Viņa Vārda, ir Svētā Gara pasargāti, un Viņa vadība palīdz viņiem jau iepriekš apiet visus šķēršļus un dzīves grūtības. Svētais Gars vada mūs pa pašu īsāko un vieglāko ceļu uz mērķi – Debesu Valstību.

Svētais Gars atdzīvina mirušo garu.

Pirmais cilvēks, Ādams, bija dzīvs gars, kad Dievs, viņu radījis, iepūta viņa sejā dzīvības elpu. Dzīvības elpa – tas ir spēks, kurš satur sākotnējo gaismu un kurš bija nodots Ādama pēctečiem tajā laikā, kad viņi dzīvoja Ēdenes dārzā.

Taču, kad Ādams un Ieva izdarīja nepaklausības grēku un bija izdzīti uz šo zemi, viss viņu dzīvē mainījās. Dievs paņēma praktiski visu dzīvības elpu no Ādama un Ievas, atstājot tikai tās pēdas, kas ir „dzīvības sēkla." Un šī dzīvības sēkla nevarēja tikt nodota no Ādama un Ievas viņu bērniem.

Sestajā grūtniecības mēnesī Dievs ieliek dzīvības sēklu bērna garā, ievietojot to šūnas kodolā, kas atrodas cilvēka sirdī un kas ir cilvēka būtības centrs. Ļaudīm, kas nav pieņēmuši Jēzu Kristu, dzīvības sēkla paliek neaktīva, līdzīgi sēklai, kas pārklāta ar cietu apvalku. Mēs saucam garu par mirušu līdz tam laikam, kamēr sēkla nav aktīva. Bet, kamēr gars paliek miris, cilvēks nevar iegūt mūžīgo dzīvību vai ieiet Debesu Valstībā.

Pēc Ādama grēkā krišanas visa cilvēce bija nolemta nāvei. Priekš tā, lai ļaudis no jauna iegūtu mūžīgo dzīvību, viņiem nepieciešams saņemt grēku piedošanu, kas ir sākotnējais nāves iemesls, tas ir, viņu nomirušajam garam jāatdzimst. Tādēļ Mīlestības Dievs sūtīja Savu Vienpiedzimušo Dēlu Jēzu uz šo zemi, kā izpirkšanas upuri par mūsu grēkiem, un ar to Viņš atvēra ceļu uz glābšanu. Jēzus paņēma uz Sevi visus cilvēces grēkus un nomira pie krusta, lai darītu atkal dzīvu mūsu mirušo garu. Jēzus ir Ceļš, Patiesība un Dzīvība, un caur Viņu visi ļaudis var saņemt mūžīgo dzīvību.

Tādēļ, kad mēs pieņemam Jēzu Kristu kā savu personīgo Glābēju, mūsu grēki tiek piedoti, mēs kļūstam par Dieva bērniem un saņemam Svētā Gara dāvanu. Ar Svētā Gara spēku dzīvības sēkla, kas bija bezdarbīga, pārklājusies ar cietu apvalku, atmostas un kļūst aktīva. Lūk, tad mūsu mirušais gars atdzīvojas. Par to Jāņa Evaņģēlijā 3:6, teikts: „...kas dzimis no Gara ir gars." Ja augt sākusī sēkla saņems pietiekami ūdens un saules gaismas, tad tā turpinās augt. Tas pats notiek arī ar dzīvības sēklu: viņu jānodrošina ar garīgo ūdeni un gaismu, lai tā turpinātu augt pēc tam, kad izdzinusi asnu. Tas ir, lai mūsu gars pieaugtu, mums nepieciešams mācīties Dieva Vārdu, kas ir garīgais ūdens, un rīkoties pēc Dieva Vārda, kas ir garīgā gaisma.

Svētais Gars, Kurš ienācis mūsu sirdīs, stāsta mums par grēku, taisnību un tiesu. Viņš palīdz mums novērsties no grēkiem un bezdievības un dzīvot taisnībā. Viņš dod mums spēku, lai mēs varētu domāt, runāt un darboties patiesībā. Viņš tāpat palīdz mums dzīvot ticībā, esot gan ar ticību, gan ar cerību uz Debesu Valstību, un tādēļ mūsu gars veiksmīgi pieaug. Atļaujiet man, lai jūs labāk saprastu, teikto ilustrēt ar piemēru.

Iedomājieties bērnu, kurš audzis laimīgā ģimenē. Un lūk, kādu reizi viņš uzkāpa kalnā un apskatījies apkārt, iekliedzās: „Aū-ū-ū!" Bet kāds atbildēja viņam sakot to pašu: „Aū-ū-ū!" Pārsteigtais zēns jautāja: „Kas tu esi?" Un sadzirdēja atbildē, ka kāds atkārto pēc viņa tos pašus vārdus. Zēns sadusmojās uz to, kas viņu atdarināja un teica: „Tu dari man par spīti, gribi ar mani kauties?" - bet šie paši vārdi atgriezās pie viņa atpakaļ. Pēkšņi viņam likās, ka kāds tam seko, un viņš izbijās.

Viņš ātri nokāpa no kalna un izstāstīja par to mātei. Viņš teica: „Māt, kalnos ir slikts zēns." Taču māte atbildēja viņam ar mīļu smaidu: „Es domāju, ka tas zēns kalnos – labs, un viņš varētu būt tavs draugs. Kāpēc gan tev rīt neaiziet atpakaļ kalnos un nepalūgt viņam piedošanu?" Nākošā dienā zēns no jauna uzkāpa kalna galotnē un kliedza stiprā balsī: „Es lūdzu piedošanu par vakardienu! Kāpēc gan mums nekļūt par draugiem?" Un, lūk, pie viņa atgriezās tie paši vārdi.

Tā māte deva iespēju mazajam dēlam pašam saprast, kas gan tas bija. Un Svētais Gars palīdz mums iet pa ticības ceļu, līdzīgi mīļai mātei.

Lai pienestu Gara augli.

Kad sēkla iesēta, tad tā izdzen asnu, aug un uzzied, bet pēc tam redzams ziedēšanas rezultāts, tas ir auglis. Analoģiski tam, kad dzīvības sēkla, ko mūsos iesējis Dievs, dod asnus caur Svēto Garu, tad tie aug un pienes Svētā Gara augļus. Tomēr ne katrs, kas saņēmis Svēto Garu, pienes Svētā Gara augļus. Mēs varam pienest Gara augli tikai tad, kad mēs sekojam Svētā Gara vadībai.

Svēto Garu var salīdzināt ar enerģijas avotu. Elektrība rodas, kad darbojas ģenerators. Ja elektrības lampiņa pievienota ģeneratoram un tas dod viņai enerģiju, tad lampiņa dos gaismu. Kad ir gaisma – nav tumsas. Tieši tāpat arī mūsos darbojas Svētais Gars. Tumsa no mums aiziet, tādēļ ka mūsu sirdī ienāk gaisma. Un lūk, tad mēs varam pienest Svētā Gara augļus.

Piebildīšu, ka ir viena ļoti svarīga detaļa, kurai jāpievērš uzmanība. Ja lampiņa pieslēgta enerģijas avotam, tad tas vēl nenozīmē, ka tā dos gaismu. Nepieciešams vispirms, lai kāds ieslēdz ģeneratoru. Dievs devis mums „ģeneratoru", ko sauc Svētais Gars, bet jāiedarbina tas mums pašiem.

Lai iedarbinātu Svētā Gara ģeneratoru, mums jābūt modriem

Pret tādām lietām nav bauslības

un karsti jālūdzas. Mums tāpat Svētā Gara vadībā jāseko patiesībai. Ja mēs esam paklausīgi Svētā Gara vadībai un aicinājumam, tad var teikt, ka mēs pildām Svētā Gara vēlmes. Bet centīgi pildot Svētā Gara vēlmes, mēs piepildāmies ar Svēto Garu, un tad mūsu sirdis mainās patiesībā. Mēs pienesīsim Svētā Gara augļus, un tāpat saņemsim Svētā Gara pilnību.

Kad mēs attīrām savu sirdi no grēcīgās dabas un veidojam gara sirdi ar Svētā Gara palīdzību, tad Svētā Gara augļi sāk iegūt savas aprises. Tomēr pat vienā vīnogu ķekarā ogu nobriešanas periods un ogu lielums var būt atšķirīgs. Tāpat arī Svētā Gara augļi: daži var būt jau nobrieduši, tajā pat laikā, citi – vēl pilnībā nenogatavojušies. Cilvēks var pienest bagātīgu mīlestības augli, tajā pat laikā kā atturības auglis vēl aizvien paliek negatavs. Vai arī kādam ticības auglis jau nobriedis, bet lūk lēnprātības augļa – pagaidām vēl nav.

Un tomēr, ar laiku katra vīnoga nogatavosies, un tad viss ķekars sastāvēs no lielām tumši violetām ogām. Tāpat arī mēs, pienesot visus Svētā Gara augļus, kļūsim par gara pilniem cilvēkiem, kuri ļoti patīk Dievam. Tādi ļaudis izplata Kristus labo smaržu visos savas dzīves aspektos. Viņi skaidri dzirdēs Svētā Gara balsi un parādīs Svētā Gara spēku, lai dotu godu Dievam. Un, tā kā viņi kļuvuši pilnībā līdzīgi Dievam, tad viņiem būs nepieciešamās īpašības priekš tā, lai ieietu Jaunajā Jeruzalemē, kur atrodas Dieva Tronis.

Svētā Gara vēlmes un miesas vēlmes.

Kad mēs cenšamies pildīt Svētā Gara vēlmes, tad mums rodas arī cita veida vēlmes, kas dara mums raizes. Tās ir miesas vēlmes. Miesas vēlmes vada nepatiesība, kura saceļas pret Dieva Vārdu. Tās vilina mūs darīt to, ko pieprasa miesas iekāre, acu iekāre un dzīves lepnība. To dēļ mēs darām grēkus, netaisnus darbus un likumpārkāpumus.

Nesen pie manis atnāca vīrietis un palūdza mani palūgties par to, lai viņš pārtrauktu skatīties nepieklājīgas lietas. Pirmo reizi viņš to izdarīja ne dēļ apmierinājuma, bet aiz vēlmes saprast, kā šīs lietas iedarbojas uz ļaudīm. Bet, paskatoties reizi, viņš pastāvīgi atcerējās redzētos skatus un viņu vilka paskatīties uz tiem no jauna. Taču sevī iekšā viņš dzirdēja Svētā Gara aicinājumu to nedarīt, tādēļ viņš sajuta nemieru.

Šajā gadījumā viņa sirds uzbudinājās no acu kāres, tas ir caur to, ko viņš redzēja acīm un dzirdēja ausīm. Ja mēs neatbrīvosimies no miesas kāres un turpināsim samierināties ar to, tad drīzumā netaisnība vairosies mūsos divas, trīs un četras reizes un tālāk tikai turpinās augt.

Tādēļ Vēstulē Galatiešiem 5:16-18, teikts: „Bet Es saku: staigājiet garā, tad jūs miesas kārību savaldīsiet. Jo miesas tieksmes ir pret garu, bet gara tieksmes ir pret miesu, jo šie divi viens otram stāv pretī, ka jūs nedarāt to, ko gribat. Bet, ja gars jūs vada, tad jūs vairs neesat padoti bauslībai."

No vienas puses, kad mēs pildām Svētā Gara vēlmes, mūsu sirdī ir miers, un mēs priecājamies, tādēļ ka mūs iepriecina Svētais Gars. No citas puses, ja mēs paklausām miesas vēlmēm, tad mūsu sirdī ir nemierīgi, tādēļ ka Svētais Gars nopūšas mūsos. Un vēl mēs zaudējam Gara pilnību, un tad mums būs daudz grūtāk pildīt Svētā Gara vēlmes.

Vēstulē Romiešiem, 7:22-24, Pāvils teicis par to: „Mans iekšējais cilvēks ar prieku piekrīt Dieva bauslības likumam, bet savos locekļos es manu citu likumu, kas karo ar manu prāta likumu un padara mani par grēka likuma gūstekni, kas ir manos locekļos. Es nožēlojamais cilvēks! Kas mani izraus no šīs nāves lemtās miesas?"

Un atkarībā no tā, vai mēs sekojam Svētā Gara vēlmēm vai miesas vēlmēm, mēs kļūsim vai nu izglābti Dieva bērni, vai tumsas bērni, kas iet pa nāves ceļu.

Vēstulē Galatiešiem, 6:8, teikts: „Proti, kas sēj savā miesā, tas pļaus no miesas pazušanu, bet kas sēj garā, tas pļaus no gara mūžīgo dzīvošanu." Ja mēs izdabājam miesas vēlmēm, tad noteikti darīsim arī miesas darbus, tas ir grēkus un likumpārkāpumus, un beigu rezultātā – neieiesim Debesu Valstībā (Vēst. Galatiešiem 5:19-21). Bet, ja mēs sāksim pildīt Svētā Gara vēlmes, tad pienesīsim Deviņus Svētā Gara augļus (Vēst. Galatiešiem 5:22-23).

Lai nepagurstam labu darīt.

Mēs pienesīsim Gara augli un kļūsim īsti Dieva bērni, sperot soļus ticībā un sekojot Svētā Gara vadībai. Bet, starp citu, cilvēka sirds sastāv no patiesības sirds un nepatiesības sirds. Patiesības sirds mudina mūs pildīt Svētā Gara vēlmes un dzīvot pēc Dieva Vārda. bet nepatiesības sirds grūž mūs uz to, lai izdabātu miesas iekārēm un dzīvotu tumsā.

Piemēram, svētīt Kunga Dienu – tas ir viens no Desmit Baušļiem, kuri Dieva bērniem jāievēro. Taču ticīgajam, kuram pieder veikals un kura ticība vēl pagaidām vāja, var sirdī rasties konflikts, jo viņš domās, ka aizverot veikalu svētdienā, zaudēs peļņu. Šajā gadījumā miesas vēlme piespiedīs viņu domāt: „Varbūt man slēgt veikalu ne katru nedēļu? Vai arī es apmeklēšu svētdienas rīta sapulci, bet sieva nāks uz vakara dievkalpojumu, un mēs tā varēsim veikalā viens otru nomainīt?" Bet Svētais Gars vēlas palīdzēt viņam klausīt Dieva Vārdu un pateikt sev: „Ja es svētīšu Kunga Dienu, tad ienākumi, kurus man dos Dievs, būs lielāki, nekā ja es strādātu brīvdienās veikalā."

Svētais Gars stiprina mūs mūsu nespēkā un aizlūdz par mums ar bezvārdu nopūtām (Vēst. Romiešiem 8:26). Ja mēs ar Svētā Gara palīdzību pielietosim patiesību savā ikdienas dzīvē, tad mēs iegūsim mieru sirdī un mūsu ticība pieaugs dienu no dienas.

Bībelē dotais Dieva Vārds ir patiesība, kura nekad nemainās; tā pēc savas būtības – labums un prieks. Dieva Bērniem, kam ir Svētā

Gara vadība, jāsit miesa ar tās kaislībām un iekārēm pie krusta. Viņiem tāpat ir jāpilda Svētā Gara vēlmes saskaņā ar Dieva Vārdu un nav jāpagurst, darot labus darbus.

Mateja Evaņģēlijā 12:35, teikts: „Labs cilvēks izdod no labā krājuma labu, bet ļauns cilvēks izdod no ļaunā krājuma ļaunu." Tādēļ, mums karsti lūdzoties un darot labus darbus, jāattīra no ļauna savas sirdis.

Bet vēstulē Galatiešiem 5:13-15, teikts: „Jo jūs, brāļi, esat svabadībai aicināti. Tik ne tādai svabadībai, kas dod vaļu miesai, turpretim kalpojiet cits citam mīlestībā!" Jo visa bauslība ietverta vienā vārdā: „mīli savu tuvāko, kā sevi pašu." Ja jūs „savā starpā kožaties un ēdaties, tad pielūkojiet, ka jūs cits citu neaprijat"; un tāpat, Vēstulē Galatiešiem 6:1-2, rakstīts:

„Brāļi, ja kāds cilvēks ir pienākts kādā pārkāpumā, tad jūs, kas esat garīgi atgrieziet tādu uz pareiza ceļa ar lēnprātīgu garu, un lūkojiet pats uz sevi, ka arī tu nekrīti kārdināšanā. Nesiet cits cita nastas, tā jūs piepildīsiet Kristus likumu."

Ja mēs pildām Dieva Likumu tā, kā iepriekš teikts, tad mēs varam pienest Svētā Gara augli pārpilnībā un kļūt gara, un gara pilnības ļaudis. Un tad mēs saņemsim visu, par ko prasīsim savā lūgšanā, un ieiesim Jaunajā Jeruzalemē, mūžīgajā Debesu Valstībā.

1. Jāņa vēst. 4:7-8

„Mīļie, mīlēsim cits citu, jo mīlestība ir no Dieva, un katrs, kas mīl ir no Dieva dzimis un atzīst Dievu. Kas nemīl, nav Dievu atzinis, jo Dievs ir mīlestība,"

Pret tādām lietām nav bauslības

2. nodaļa

Mīlestība

Visaugstākais garīgās mīlestības līmenis
Miesīga mīlestība ar laiku mainās
Garīgā mīlestība atdos par citu savu paša dzīvību
Patiesa mīlestība uz Dievu
Lai pienestu mīlestības augli

Mīlestība

Mīlestībai ir daudz vairāk spēka, nekā ļaudis sevī to var iedomāties. Ar mīlestības spēku mēs varam izglābt tos, kas ir Dieva atstāti, un iet pa ceļu, kas ved uz nāvi. Mīlestība var atbalstīt tos un dot viņiem jaunus spēkus. Ja mēs ar mīlestību apklāsim cilvēku kļūdas, tad ar viņiem sāks notikt apbrīnojamas pārmaiņas, un viņi saņems lielas svētības, tādēļ, ka Dieva darbi notiek labestības, mīlestības, patiesības un taisnīguma atmosfērā.

Sociologu grupa izpētīja 200 studentu dzīvi no nelabvēlīgas Baltimoras pilsētas vides. Sociologi nonāca pie secinājuma, ka šiem studentiem bija maz iespēju un maz cerību kļūt veiksmīgiem dzīvē. Tomēr, pēc 25 gadiem, viņi atgriezās pie saviem pētījumiem un rezultāti bija pārsteidzoši. 176 studenti no tiem 200 studentiem izrādījās veiksmīgi advokāti, ārsti, sludinātāji un biznesmeņi. Protams, ka sociologi jautāja viņiem, kā tiem izdevās izrauties no nelabvēlīgās vides, kurā viņi dzīvoja, un visi viņi pieminēja viena un tā paša skolotāja vārdu. Kad šim skolotājam pajautāja, kā viņš sasniedzis tādas neticamas pārmaiņas savos studentos, viņš atbildēja: „Es vienkārši mīlēju viņus, un viņi par to zināja."

Un tā, kas ir mīlestība – viens no Deviņiem Svētā Gara augļiem.

Garīgās mīlestības visaugstākais līmenis.

Mīlestība, būtībā, sadalās miesīgā un garīgā. Miesīgā mīlestība meklē pati savu izdevīgumu. Šī bezjēdzīgā mīlestība ar laiku pāriet. Bet garīgā mīlestība rūpējoties par citu ļaužu interesēm, nemainīsies par labu apstākļiem. 1. vēstulē Korintiešiem, 13. nodaļā dots detalizēts garīgās mīlestības apraksts.

"Mīlestība ir lēnprātīga, mīlestība ir laipna, tā neskauž, mīlestība nelielās, tā nav uzpūtīga. Tā neizturas piedauzīgi, tā nepiemin ļaunu. Tā nepriecājas par netaisnību, bet priecājas par patiesību. tā apklāj visu, tā tic visu, tā cer visu, tā panes visu," (4-7 p.).

Ar ko atšķiras mīlestība, kura aprakstīta Vēstulē Galatiešiem 5. nodaļā un nosaukta par gara augli no garīgās mīlestības, kura aprakstīta 1. vēstulē Korintiešiem 13. nodaļā? Mīlestība kā Svētā Gara auglis – tā ir upurējoša mīlestība, kura var darīt cilvēku spējīgu atdot savu dzīvību par citu. Šī mīlestība ir augstāka līmeņa, nekā mīlestība, kas aprakstīta 1. vēstulē Korintiešiem 13. nodaļā. Tas ir garīgās mīlestības augstākais līmenis.

Pienesot mīlestības augli, mēs varēsim upurēt savu dzīvi dēļ citiem un mīlēsim visus. Dievs mūs mīl bezgalīgi, un Kungs atdevis Savu dzīvību aiz mīlestības pret mums. Tāda mīlestība mūs mudina veltīt savu dzīvi Dievam, Viņa Valstībai un taisnībai. Un, bez tā, mīlot Dievu, mēs varam sasniegt visaugstāko mīlestības līmeni, kurš darīs mūs spējīgus ziedot savu dzīvību ne tikai dēļ brāļiem, bet arī dēļ ienaidniekiem, kuri mūs neieredz.

1. Jāņa vēstulē, 4:20-21 teikts:
"Ja kāds saka: es mīlu Dievu, - un ienīst savu brāli, tad viņš ir melis; jo kas nemīl savu brāli, ko viņš ir redzējis, nevar mīlēt Dievu, ko viņš nav redzējis. Un šis bauslis mums ir no Viņa, ka

tam kas mīl Dievu, būs mīlēt arī savu brāli." Tādā veidā, ja mēs mīlam Dievu, tad mīlēsim visus. Ja mēs sakām, ka mīlam Dievu, bet pie tam, kādu neieredzam, tad mēs vienkārši melojam.

Miesīga mīlestība ar laiku mainās.

Dievs mīlēja Ādamu, kuru ar garīgu mīlestību Pats radīja. Viņš radīja brīnišķu dārzu austrumos, Ēdenē, un ļāva viņam tajā dzīvot, nekur nezinot nekāda trūkuma. Un Dievs staigāja ar viņu. Dievs deva viņam ne tikai Ēdenes dārzu, kas bija ideāla vieta dzīvošanai, bet tāpat arī varu pārvaldīt visu uz šīs zemes.

Dievs apņēma Ādamu ar garīgu mīlestību. Bet Ādams nespēja novērtēt Dieva mīlestību. Jo viņš nekad nebija piedzīvojis ne ienaidu, ne mainīgo miesīgo mīlestību, tādēļ viņš nesaprata cik vērtīga ir Dieva mīlestība. Pagāja ilgs – ilgs laiks, un Ādams čūskas kārdināts, nepaklausīja Dieva Vārdam. viņš ēda augli, kuru Dievs neļāva viņam ēst (1. Marka 2:17; 3:1-6).

Un Ādama sirdī ienāca grēks, un viņš kļuva par miesas cilvēku, kurš vairāk nevarēja kontaktēties ar Dievu. Dievs nevarēja ļaut viņam arī tālāk dzīvot Ēdenes dārzā un izsūtīja viņu uz šo zemi. Pa to laiku, kamēr turpinājās cilvēces veidošanas process (1. Mozus 3:23), visi ļaudis, kuri bija Ādama pēcteči, piedzīvojot to, kas bija pilnīgs pretstats tai mīlestībai, kuru viņi bija redzējuši Ēdenes dārzā, un tieši, ienaidu, skaudību, sāpes, ciešanas, slimības un traumas, saprata, cik viss šajā pasaulē relatīvs. Un viņi arvien vairāk un vairāk attālinājās no garīgās mīlestības. Grēks ienāca viņu sirdīs sabojājot tās, pārvēršot tās miesīgās un viņu mīlestība arī kļuva miesīga.

Jau ļoti daudz laika pagājis no tiem laikiem, kad Ādams sagrēkoja, tā ka šodien daudz grūtāk atrast šajā pasaulē garīgo mīlestību. Ļaudis izrāda savu mīlestību dažādiem veidiem, tomēr viņu mīlestība - miesīga un tā ar laiku pārmainās. Ar laiku mainās apstākļi, tādēļ ļaudis atsakās no agrāk pieņemtiem lēmumiem un nodod savus mīļotos sava paša izdevīguma vārdā. Ja viņi kaut ko saņem no cilvēka, tad arī viņi kaut ko dod viņam, bet tikai atbildot vai tikai, ja tas izdevīgi. Ja jūs gribat saņemt atpakaļ tikpat, cik jūs iedevāt vai esat apbēdināti, kad citi jums nedod to, ko jūs no viņiem gaidāt, tad tā mīlestība – miesīga.

Kad vīrietis un sieviete tikai satiekas, viņi parasti saka, ka „mīlēs viens otru mūžīgi," ka „nevar dzīvot viens bez otra." Taču, salaulājušies, vairumā gadījumu viņi maina savas domas. Ar laiku katrs no viņiem arvien biežāk sāk ievērot laulātajā to, kas viņiem nepatīk. Pagātnē viņiem viss šķita tik brīnišķīgs, viņi tā centās izpatikt viens otram visā, bet tagad viņi to jau vairs nedara. Viņi apvainojas radot cits citam grūtības. Viņus apbēdina, kad vīrs vai sieva nedara to, ko viņiem gribas. Un, ja dažus gadus atpakaļ šķiršanās bija liels retums, tad tagad pāri viegli šķiras un drīzumā stājas atkārtotās laulībās. Un katru reizi viņi saka viņu izvēlētajam cilvēkam, ka pa īstam mīl tikai viņu. Tāda ir tipiska miesīga mīlestība.

Mīlestība starp vecākiem un bērniem arī ne ar ko daudz neatšķiras. Protams, ka vecāki gatavi atdot savu dzīvību par bērniem, un tomēr, ja viņi mīl tikai savus bērnus, tad tā jau vairs nav garīga mīlestība. Esot ar garīgu mīlestību, mēs to dāvāsim katram, un ne tikai saviem bērniem. Bet tā kā ļaunuma pasaulē paliek arvien vairāk, tad satikt vecākus, kas gatavi ziedot savu dzīvību pat par pašu bērniem, paliek arvien mazāk. Daudzi vecāki un bērni bieži naidojas materiālo labumu dēļ vai dēļ atšķirībām uzskatos.

Un kā ar mīlestību starp brāļiem un māsām, starp draugiem? Daudzi brāļi kļūst par ienaidniekiem, ja starp viņiem nostājas naudas intereses. Tas pats notiek arī starp draugiem. Tie mīl cits citu, kad viss ir labi un starp viņiem valda saskaņa. Taču viņu mīlestība var mainīties, ja mainās situācijas. Bez tā, vairumā gadījumu ļaudis grib saņemt atpakaļ tieši tikpat daudz, cik viņi atdevuši. Kad kaislības norimst, viņi sāk nožēlot par to, ka devuši, bet pretī neko nav saņēmuši. Tas nozīmē, ka viņi tomēr gribēja saņemt kaut ko pretī. Tāda veida mīlestība – ir miesīga mīlestība.

Garīga mīlestība atdod par citu savu paša dzīvību.

Cik tas ir aizkustinoši, kad kāds- atdod savu paša dzīvību par mīļoto cilvēku. Taču, ja mēs uzzinātu, ka mums nāksies atdot savu dzīvību par kādu citu, nebūs mums viegli iemīlēt šo cilvēku. Tādā veidā cilvēka mīlestībai ir savas robežas.

Reiz dzīvoja ķēniņš, kuram bija brīnišķīgs dēls. Un, tajā pat ķēniņvalstī dzīvoja ar sliktu slavu pazīstams noziedznieks, kam bija nolemts nāves spriedums. Notiesātais varēja palikt dzīvs tikai pie viena noteikuma: kādam nevainīgam būtu vajadzīgs nomirt viņa vietā. Vai gan šajā gadījumā ķēniņš varētu noziedot savu nevainīgo dēlu, lai tas nomirtu slepkavas vietā? Kaut kas tamlīdzīgs nekad nav noticis visas cilvēces vēstures gaitā. Taču Dievs Radītājs, Kuru nevar salīdzināt ne ar vienu zemes ķēniņu, upurēja Savu Vienpiedzimušo Dēlu mūsu dēļ. Lūk, tik ļoti Viņš mīlēja mūs (Vēst. Romiešiem 5:8).

Ādama grēkā krišanas dēļ visa cilvēce bija nolemta nāvei, kas bija atmaksa par grēku. Lai izglābtu ļaudis un aizvestu tos uz Debesīm, vajadzēja atrisināt grēka problēmu. Un, lai atrisinātu šo grēka problēmu, kas bija nostājusies starp Dievu un cilvēkiem, Dievs sūtīja Savu Vienpiedzimušo Dēlu Jēzu samaksāt šo cenu par grēku. Vēstulē Galatiešiem 3:13 teikts: „Nolādēts ikviens, kas karājas pie koka."

Un Jēzus bija piesists pie koka krusta, lai mūsu atbrīvotu no lāsta likuma, kurš saka: „Jo grēka alga ir nāve..." (Romiešiem 6:23).

Vēl arī tādēļ, ka nav piedošanas bez asinsizliešanas (Vēst. Ebrejiem 9:22).

Viņš izlēja visu Savu ūdeni un asinis. Jēzus nesa sodu mūsu vietā un katrs, kas tic Viņam, var saņemt grēku piedošanu un mūžīgo dzīvību.

Dievs zināja, ka grēcinieki sāks vajāt, izsmiet Jēzu, Dieva Dēlu un beigās – tā rezultātā – Viņš būs piesists krustā. Un tomēr, lai izglābtu grēcīgos cilvēkus, kas bija nolemti uz mūžīgu nāvi, Dievs sūtīja uz zemi Jēzu.

1 Jāņa vēstulē 4:9-10, teikts:

„Redzama kļuvusi ir Dieva mīlestība mūsu starpā, Dievam Savu Viendzimušo Dēlu sūtot pasaulē, lai mēs dzīvotu caur Viņu. Šī ir tā mīlestība nevis, ka mēs esam mīlējuši Dievu, bet ka Viņš mūs mīlējis un sūtījis Savu Dēlu mūsu grēku izpirkšanai."

Dievs pierādīja Savu mīlestību ar to, ka mūsu dēļ atdeva krusta nāvei Savu Viendzimušo Dēlu Jēzu. Jēzus parādīja Savu mīlestību, Sevi upurējot pie krusta, lai izpirktu cilvēci no grēkiem. Dieva mīlestība, Kurš upurēja Savu Dēlu – tā ir mūžīga un nemainīga mīlestība, gatava atdot dēļ citiem visas savas asinis, līdz pēdējai lāsei.

Īsta mīlestība uz Dievu.

Vai gan mums iespējams sasniegt tādu mīlestības līmeni? 1. Jāņa vēstulē 4:7-8, teikts: „Mīļie, mīlēsim cits citu, jo mīlestība ir no Dieva, un katrs, kas mīl, ir no Dieva dzimis un atzīst Dievu. Kas nemīl, nav Dievu atzinis, jo Dievs ir mīlestība."

Ja mēs ne tikai ar prātu, bet arī ar visu sirdi jūtam, tieši kādu mīlestību dāvājis mums Dievs, tad būt ar patiesu mīlestību pret Dievu, būs mums dabīgs stāvoklis. Nav izslēgts, ka mūsu kristīgā dzīvē mums nāksies pārciest grūtības, sadurties ar tādām situācijām, kā īpašuma zaudēšana vai zaudēt to, kas mums dārgs. Bet pat pie šiem apstākļiem, mūsu sirds nešaubīsies, ja mūsos ir patiesa mīlestība.

Es gandrīz pazaudēju savas trīs mīļotās meitas. Vairāk kā 30 gadus atpakaļ Korejā vairums ļaužu, lai apsildītu savas mājas, izmantoja ogļu briketes. Ogļskābā gāze, kas izdalās degot oglēm, bieži kalpoja par nelaimes gadījumu iemeslu. Tas notika uzreiz pēc baznīcas atvēršanas, un tad es dzīvoju baznīcas ēkas pagrabā. Trīs manas meitas un viens jauns cilvēks saindējās ar tvanu. Viņi elpoja šo gāzi visu nakti, un šķita, cerību uz to, ka viņi nāks pie samaņas, vairs nebija.

Redzot, ka manas meitas bezsamaņā, es nesāku žēloties vai bēdāties. Es pateicos par to, ka viņām stāvēja priekšā mierīga dzīve brīnišķīgajās Debesīs, kur nebija ne asaru, ne bēdu, ne sāpju. Bet, tā kā jaunais cilvēks bija vienkārši draudzes loceklis, es lūdzu Dievu viņu atdzīvināt, lai neaptraipītu Dieva vārdu. Es uzliku rokas uz jauno cilvēku un lūdzos par viņu. Pēc tam es sāku lūgties par savu trešo, jaunāko meitu. Kamēr es lūdzos par viņu, jaunais cilvēks nāca pie samaņas. Tajā laikā, kamēr es lūdzos par savu otro meitu, trešā - atmodās. Drīzumā nāca pie samaņas otrā un pirmā meita. Viņām nebija nekādu saindēšanās seku, un viņas līdz šai dienai ir veselas. Visas trīs meitas - kā mācītājas kalpo draudzē.

Ja mēs mīlam Dievu, tad mūsu mīlestība nekad un ne pie kādiem apstākļiem nemainīsies. Mēs jau esam pieņēmuši Viņa mīlestību, kuru Viņš apstiprinājis upurējot Savu Vienpiedzimušo Dēlu, tādēļ mums nav nekādu iemeslu apvainoties uz Viņu vai šaubīties par Viņa mīlestību. Mēs varam tikai mīlēt Viņu ar nemainīgu mīlestību. Un mēs varam pilnībā uzticēties Viņa mīlestībai un visu savu dzīvi būt Viņam uzticīgi.

Tāda pat būs mūsu attieksme arī pret citām dvēselēm, par kurām mēs rūpējamies. 1. Jāņa vēstulē 3:16 teikts: „No tā mēs esam nopratuši mīlestību, ka Viņš Savu dzīvību par mums ir nodevis, tad arī mums pienākas atdot savu dzīvību par brāļiem."

Ja mēs sevī kultivējam patiesu mīlestību uz Dievu, tad mēs mīlēsim savus brāļus ar patiesu mīlestību. Tas nozīmē, ka mums nebūs ne mazākās vēlmes meklēt savu izdevīgumu, tādēļ mēs atdosim visu, kas mums ir, nevēloties kaut ko saņemt pretim. Mēs ziedosim sevi ar tīriem nolūkiem un būsim gatavi atdot citiem visu, kas mums pieder.

No tā laika, kā es nostājos uz ticības ceļa un līdz pat šai dienai, man bijuši daudzi pārbaudījumi. Ļaudis, kuriem es tik daudz devu un pret kuriem izturējos, kā pret savas ģimenes locekļiem, mani nodeva. Kādi nepareizi mani saprata un rādīja uz mani ar pirkstiem.

Un tomēr, man pret viņiem bija tikai labvēlīgas jūtas. Es ieliku visas problēmas Dieva rokās, un lūdzos par to, lai Viņš tiem piedotu, aiz mīlestības un līdzjūtības pret viņiem. Man nebija naida pret šiem ļaudīm, kuri noliekot draudzi ļoti grūtā situācijā, aizgāja. Es vienīgi gribēju, lai viņi nožēlotu un atgrieztos atpakaļ. Tie cilvēki izdarīja daudz ļaunus darbus, kuru dēļ man nācās pārdzīvot ļoti nopietnus pārbaudījumus. Bet, neskatoties uz to, es parādīju pret tiem tikai labestību, un ticot tam, ka Dievs mani mīl, es mīlēju tos ar Dieva mīlestību.

Lai pienestu mīlestības augli.

Mēs varam pienest pilnīgas mīlestības augli, attīrot savu sirdi un atbrīvojot to no grēkiem, ļaunuma un bezdievības. Patiesa mīlestība nāk tikai no sirds, kas brīva no ļaunuma. Esot ar patiesu mīlestību, mēs vienmēr nesīsim cilvēkiem mieru, un mēs nesāksim uzlikt tiem nepanesamas grūtības. Mēs tāpat sapratīsim citu ļaužu sirdis un kalposim tiem. Mēs mācēsim sagādāt viņiem prieku un palīdzēt viņiem tā, lai viņu dvēseles gūtu sekmes un, lai Dieva Valstība - paplašinātos.

No Bībeles mēs uzzinām, kādu mīlestību sevī kultivējuši ticības tēvi. Mozus mīlēja savu Izraēla tautu tik stipri, ka dēļ tās glābšanas bija gatavs, lai viņa vārds būtu izdzēsts no Dzīvības Grāmatas (2. Mozus 32:32).

Apustulis Pāvils nemainīgi mīlēja Kungu no tā laika, kad Viņu satika. Viņš kļuva par pagānu apustuli un glāba daudz dvēseļu, un tāpat dibināja draudzes savu trīs misijas ceļojumu gaitā. Viņš nogura ceļā, kurš bija nāves briesmu pilns, un tomēr viņš sludināja Jēzu Kristu līdz tam, kā pieņēma mocekļa nāvi Romā.

Draudi, vajāšanas un nepatikšanas Jūdi sarīkoja viņam pastāvīgi. Viņu sita un sēdināja cietumā. Pēc kuģa avārijas viņu mētāja pa jūru gan nakti, gan dienu. Tomēr viņš nekad nenožēloja par to ceļu, kuru pats izvēlējies. Tā vietā, lai domātu par sevi, viņš domāja par draudzi un ticīgajiem, arī pat tad, kad pats pārdzīvoja grūtības.

2 vēstulē Korintiešiem 11:28-29, viņš tā apraksta savas jūtas: „Bez tam vēl viss pārējais: ļaužu pieplūdums ik dienas, rūpes par visām draudzēm. Kur ir kāds nespēcīgs un es nebūtu nespēcīgs? Kur kāds krīt grēkā, un mana sirds nedegtu?"

Apustulis Pāvils savu dzīvi nežēloja, tādēļ ka juta karstu

mīlestību pret dvēselēm. Par viņa lielo mīlestību īpaši labi pateikts Vēstulē Romiešiem (9:3): „Es vēlēto būt nolādēts, atstumts no Kristus, par labu saviem brāļiem, kas pēc miesas ir mani brāļi."

Šeit ar vārdiem „brāļi" tiek domāti nevis viņa ģimenes locekļi vai viņa radinieki. Viņš runā par Jūdiem, un tajā skaitā par tiem, kas viņu vajāja.

Viņš visdrīzāk pats viņu vietā būtu gājis uz elli, ja ar to viņus varētu izglābt. Lūk, kāda bija viņa mīlestība. Un vēl: Jāņa Evaņģēlijā rakstīts (15:13): „Nevienam nav lielākas mīlestības kā šī, ja kāds savu dzīvību nodod par saviem draugiem"; apustulis Pāvils pierādīja savu augsto mīlestības līmeni, kļūstot par mocekli.

Kādi ļaudis saka, ka mīl Kungu, bet pie tam viņi nemīl savus ticības brāļus. Brāļi – tie pat nav viņu ienaidnieki un nepieprasa, lai par viņiem upurētu dzīvību. Tomēr viņi glabā sevī nepatiku cits pret citu nieku dēļ. Un pat darot darbu priekš Dieva, viņi parāda neapmierinātību, kad kaut kas nesakrīt ar viņu viedokli. Kādi paliek nejūtīgi attiecībā pret cilvēkiem, kuru gars dziest vai mirst. Vai gan var pateikt par tādiem ļaudīm, ka viņi mīl Dievu?

Kādu reizi es visas draudzes priekšā atzinos. Es teicu: „Ja es varētu izglābt tūkstoš dvēseļu, tad es piekristu viņu vietā iet uz elli." Protams, ka man ļoti labi zināms, kas tā par vietu – elle. Tomēr, ja tas ļautu man izglābt tās dvēseles, kuru liktenis – elle, tad es piekristu iet uz turieni viņu vietā.

Šo tūkstoš dvēseļu skaitā varētu būt arī kādi mūsu draudzes locekļi. Tie varētu būt līderi vai draudzes locekļi, kuri atkāpušies no patiesības, iet pa ceļu, kas ved uz nāvi, lai arī viņi iepazinuši patiesības vārdu un bijuši varenu Dieva darbu liecinieki. Tie var būt tāpat ļaudis, kuri vajāja mūsu draudzi, maldoties vai aiz skaudības. Vai tās varētu būt nabaga dvēseles Āfrikā, kuras cieš no pilsoņu kariem, izsalkuma un nabadzības.

Tieši tāpat kā Jēzus nomira par mani, es arī varētu atdot dzīvību par viņiem. Es mīlu viņus, tādēļ ka Dieva Vārds saka, ka mums jāmīl, un tas – mans pienākums. Es dienu pēc dienas atdodu visu savu dzīvi un enerģiju, lai izglābtu viņus, tāpēc ka es mīlu tos vairāk par paša dzīvību un ne tikai vārdos. Es esmu veltījis tam visu savu dzīvi, tāpēc ka es zinu, ka tā ir pati lielākā Dieva Tēva vēlēšanās, Kurš mīl mani.

Mana sirds piepildīta ar pārdomām: ko es varu izdarīt, lai ar Evaņģēlija sludināšanu aptvertu vēl plašākus pasaules nostūrus; kā man parādīt vēl varenākus Dieva spēka darbus, lai vēl daudz ļaužu noticētu Dievam; kā man palīdzēt saprast visa pasaulīgā bezjēdzīgumu un pārliecināt viņus tiekties uz Debesu Valstību?

Tagad pārbaudīsim sevi, lai noteiktu, cik mēs esam piepildīti ar Dieva mīlestību. Tāda mīlestība spējīga upurēt Sava Vienpiedzimušā Dēla dzīvību. Ja mēs esam piepildīti ar Viņa mīlestību, tad mēs ar visu sirdi mīlēsim Dievu un dvēseles. Tā ir īstā mīlestība. Un, ja mēs mācēsim pilnībā izveidot sevī tādu mīlestību, tad varēsim ieiet Jaunajā Jeruzalemē, kas ir mīlestības kristaloīds. Es ceru, ka jūs visi tur dalīsieties mūžīgajā mīlestībā ar Dievu Tēvu un Kungu.

Vēst. Filipiešiem 4:4

„Priecājieties, iekš Tā Kunga vienmēr; es vēlreiz saku, priecājieties!"

Pret tādām lietām nav bauslības

3. nodaļa

Prieks

Prieka augļi
Iemesli, kuru dēļ pazūd pirmās mīlestības prieks
Kad piedzimst garīgais prieks
Ja jūs gribat pienest prieka augli
Bēdāties pēc tam, kad pienests prieka auglis
Būt pozitīviem un jebkurā gadījumā sekot labestībai

Prieks

Smiekli mazina stresu, aizkaitinājumu un spriedzi; un tādēļ atvaira infarktu un negaidītas nāves iespēju. Tie tāpat paaugstina organisma imunitāti, tā ka tie vēl arī ir laba profilakse pret tādām slimībām kā gripa un pat vēzis, un tāpat slimībām, kas atstāj iespaidu uz dzīves kvalitāti. Smiekli patiešām atstāj ļoti pozitīvu iespaidu uz mūsu dzīvi. Dievs arī saka mums, lai vienmēr priecājamies. Kāds var iebilst: „Kā es varu priecāties, kad nav par ko priecāties?" Tomēr ticīgie vienmēr var priecāties Kungā, tādēļ ka viņi tic tam, ka Dievs palīdzēs viņiem tikt galā ar grūtībām un viņi, beigu beigās dosies uz Debesu Valstību, kur prieks – bezgalīgs.

Prieka auglis.

Prieks – tās „stipras sajūsmas un līksmības jūtas." Būt garīgi priecīgam – nenozīmē būt bezgalīgi laimīgam. Pat neticīgie priecājas, kad viņiem viss ir labi, lai arī tās ir jūtas uz kādu laiku. Viņu prieks pazūd, kā tikai parādās kādas nebūt problēmas un sarežģījumi. Taču, ja mēs pienesīsim prieka augli savā sirdī, mēs varēsim priecāties jebkurā situācijā. 1. vēstule Tesaloniķiešiem 5:16-18, mums saka: „Esiet priecīgi vienmēr. Lūdziet bez mitēšanās Dievu. Par visu esiet pateicīgi! Jo tāda ir Dieva griba Kristū Jēzū attiecībā uz jums."

Garīgais prieks – tā ir māka priecāties un pateikties vienmēr pie jebkādiem apstākļiem. Prieks – tas ir pats acīmredzamākais un skaidrākais rādītājs, kurš ļauj novērtēt, kāda ir mūsu kristīgā dzīve.

Kādi ticīgie staigā pakaļ Kungam ar prieku, viņi ir laimīgi visu laiku, tajā pat laikā, kad citiem nav ne patiesa prieka, ne pateicības, kas nāktu no viņu sirdīm, lai arī viņi, iespējams, arī ir ļoti centīgi ticībā. Viņi apmeklē dievkalpojumus, lūdzas un pilda savus pienākumus baznīcā, bet viss tas tiek darīts kā aiz pienākuma apziņas, ar vienaldzību. Vajag tikai viņiem sadurties ar problēmu, kā tie zaudē to trauslo mieru, kas viņiem bija, un viņu sirds sāk trīsēt no tur iemājojušā nemiera.

Ja ir problēma, kuru jums nekad neatrisināt ar pašu spēkiem, tad pienācis laiks pārbaudīt; vai patiešām jūs priecājaties no visas sirds? Kāpēc gan jums tādā situācijā nepaskatīties spogulī? Tas palīdzēs jums pārbaudīt, cik jūs pienesuši prieka augli. Īstenībā, ar vienu vien Jēzus Kristus labvēlību, kas izglābis mūs ar Savām asinīm, vairāk kā pietiekoši priekš tā, lai mēs vienmēr priecātos. Mēs bijām nolemti uz to, lai degtu mūžīgās elles liesmās, bet caur Jēzus Kristus Asinīm mums dotas tiesības ieiet Debesu Valstībā, kura piepildīta ar laimi un mieru. Tikai viens šis fakts dod mums pamatu būt neaprakstāmi laimīgiem.

Kā Izraēla bērni priecājās, kad viņiem izdevās pāriet Sarkano jūru pa sausumu un atbrīvoties no ēģiptiešu armijas kareivjiem, kuri tos vajāja?! Sievietes, pilnas līksmības, sāka dejot ar bungām un slavēt Dievu (2. Mozus 15:19-20).

Tieši tāpat, kad cilvēks pieņem Kungu, viņš neaprakstāmi

priecājas par to, ka saņēmis glābšanu, var pastāvīgi dziedāt un ar savu muti slavēt Dievu, pat ja viņš noguris pēc darba dienas un smaga darba. Pat pie tam, ka viņu vajā Kunga vārda dēļ vai viņam bez iemesla nākas ciest, vienalga domas par Debesu Valstību dara viņu laimīgu. Ja viņa prieks ilgstošs un viņš sevī šo sajūtu uztur, tad drīzumā pienesīs pilnīgu prieka augli.

Iemesli, kuru dēļ izzūd pirmās mīlestības prieks.

Īstenībā, nav ļoti daudz cilvēku, kuriem izdodas saglabāt pirmās mīlestības prieku. Reizēm, pēc tam, kad viņi pieņēmuši Kungu, neskatoties uz glābšanas svētību, viņu prieks pazūd, un viņu jūtas jau nav tādas kā iepriekš. Pagātnē, domājot par Kungu, viņi priecājās, neskatoties uz grūtībām, bet pēc tam sāka nopūsties un vaimanāt, kad uzradās kādi sarežģījumi. Tas pats notika arī ar Izraēla bērniem, kuri, ļoti ātri aizmirsuši, kā viņi priecājās, kad pārgāja Sarkano jūru, sāka kurnēt pret Dievu un sacelties pret Mozu pat pie pavisam nelielām grūtībām.

Kādēļ cilvēki tā izmainās? Tādēļ ka viņu sirdis ir miesīgas. Miesai dotajā gadījumā ir garīga nozīme. Tā attiecas uz būtību vai raksturu, kas ir pretējs garam. „Gars" – tas ir tas, kas pieder Dievam Radītājam, Kurš brīnišķīgs un nemainīgs, bet „miesa" ir raksturojums tam, kas eksistē atrauti no Dieva. Tas ir tas, kas nīcīgs, kas iet bojā un izzūd. Tādā veidā visi grēki, tajā skaitā tādi kā, bezdievība, netaisnība un nepatiesība ir miesa. Tie, kam ir tamlīdzīgas miesīgas īpašības, zaudē prieku, ar kuru kādreiz bija pildītas viņu sirdis. Un vēl: tā kā viņi ir ar mainīgu dabu, tad uzbudinot šo dabu, ienaidnieks, velns un sātans cenšas radīt nelabvēlīgas situācijas.

Apustulis Pāvils bija sasists un ieslodzīts cietumā, kad viņš sludināja Evaņģēliju. Bet viņš lūdzās un slavēja Dievu, neraizējoties ne par ko; un tad notika spēcīga zemestrīce un cietuma durvis atvērās. Vēl vairāk, pateicoties šim notikumam, viņš evaņģelizēja daudziem neticīgajiem. Nekādas grūtības nevarēja atņemt viņam prieku, un viņš mācīja ticīgajiem: „Priecājaties iekš Tā Kunga vienmēr, es vēlreiz teikšu, priecājaties! Jūsu lēnība, lai kļūst zināma visiem cilvēkiem; tas Kungs ir tuvu. Nezūdāties nemaz, bet jūsu lūgumi, lai nāk zināmi Dieva priekšā ar pateicību ikvienā pielūgšanā un lūgšanā," (Vēst. Filipiešiem 4:4-6).

Ja jūs atrodaties briesmīgā situācijā un jums šķiet, ka jau pienākušas beigas, kāpēc gan jums neizteikt pateicības lūgšanu, kā apustulis Pāvils? Dievs būs apmierināts ar jūsu ticības soli, un Viņš izmainīs visu uz labu.

Kad piedzimst garīgs prieks.

Dāvids cīnījās kaujas laukos par valsti no pašas jaunības. Viņš parādīja varonību, piedaloties daudzās kaujās. Kad ķēniņš Sauls cieta no ļauniem gariem, Dāvids viņam spēlēja uz arfas, un pār ķēniņu nāca miers. Viņš nekad nepārkāpa sava ķēniņa pavēles. Un tomēr, ķēniņš Sauls nebija pateicīgs Dāvidam par viņa kalpošanu, vēl vairāk, viņš neieredzēja Dāvidu, tādēļ ka apskauda viņu. Dāvids baudīja tautas mīlestību, un Sauls baidoties zaudēt troni, ar saviem kareivjiem vajāja Dāvidu, lai viņu nogalinātu.

Tādā situācijā Dāvidam, protams, ka nācās bēgt no Saula. Kādu reizi, lai glābtu savu dzīvību svešā zemē, viņam pat nācās izlikties par prātu zaudējušu. Kā gan jūs justos viņa vietā? Bet Dāvids nekad nenoskuma, bet tikai priecājās. Viņš sludināja savu ticību Dievam caur brīnišķīgiem psalmiem.

„Tas KUNGS ir mans gans, man netrūkst nenieka. Viņš man liek ganīties zāļainās ganībās. Viņš mani vada pie skaidra ūdens. Viņš atspirdzina manu dvēseli un ved mani pa taisnības ceļiem Sava Vārda dēļ. Jebšu es arī staigāju tumšā ielejā, taču ļaunuma nebīstos, jo Tu esi pie manis, Tava ganu vēzda un Tavs gana zizlis mani iepriecina. Tu klāj man galdu, maniem ienaidniekiem redzot, Tu svaidi ar eļļu manu galvu, mans kauss ir piepildīts pilns līdz malai. Tiešām labums un žēlastība mani pavadīs visu manu mūžu, un es palikšu Tā Kunga namā vienmēr," (Psalmi 23:1-6).

Realitāte bija līdzīga ērkšķainam ceļam, taču Dāvidam bija kaut kas liels. Tā bija – viņa karstā mīlestība un nemainīgā uzticība Dievam. Nekas nevarēja likt zaudēt viņam prieku, kas nāca no viņa sirds dziļumiem. Dāvids bija tas cilvēks, kurš patiešām pienesa prieka augli.

Lūk, jau pagājis četrdesmit viens gads no tā laika, kad es pieņēmu Kungu, un visu šo laiku es nezaudēju manas pirmās mīlestības prieku. Es līdz šim laikam katru dienu dzīvoju ar pateicību. Septiņus gadus es cietu no daudzām slimībām, bet Dieva spēks dziedināja mani no visām vainām. Es tūlīt pat kļuvu par kristieti un sāku strādāt celtniecībā. Man bija iespēja atrast labāku darbu, tomēr es devu priekšroku nodarboties ar smagāku darbu, tādēļ ka tikai šis darbs deva man iespēju ievērot Kunga Dienu.

Parasti katru rītu es cēlos pulksten četros un gāju uz rīta lūgšanu sapulci. Pēc tam es devos uz darbu, nesot sev līdzi pusdienas. Man vajadzēja apmēram pusotras stundas tam, lai nokļūtu līdz darba vietai. Man nācās bez atpūtas strādāt no rīta līdz vakaram. Šis darbs bija patiešām smags. Līdz tam es nekad nebiju nodarbojies ar fizisku darbu, pat vairāk, es daudz gadus slimoju, tādēļ man nebija viegli šo darbu darīt.

Es atgriezos mājās apmēram desmitos vakarā. Ātri nomazgājies, pavakariņojis, lasīju Bībeli un lūdzos, pirms, apmēram pusnaktī, devos gulēt. Mana sieva tāpat staigāja pa mājām nodarbojoties ar tirdzniecību, lai nopelnītu dzīvošanai, un vienalga mums bija grūti izmaksāt procentus par parādiem, kuri mums bija sakrājušies pa manas slimošanas laiku. Mēs burtiski ar grūtībām savilkām galus katru dienu. Un, lai arī mans finansiālais stāvoklis bija ārkārtīgi grūts, mana sirds vienmēr bija piepildīta ar prieku, un es sludināju Evaņģēliju, izmantojot priekš tā jebkuru iespēju.

Es teicu: „Dievs – Dzīvs! Paskatieties uz mani! Es gaidīju savu nāvi, bet Dieva spēks pilnībā mani dziedināja, un lūk, cik vesels es kļuvu!"

Ikdienas realitāte un mans finansiālais stāvoklis bija ļoti smags, taču es vienmēr biju pateicīgs par Dieva mīlestību, Kurš izglāba mani no nāves. Mana sirds bija piepildīta ar cerību uz Debesīm. Pēc tam, kad Dievs aicināja mani kļūt par mācītāju, es daudz reižu netaisnīgi cietu no grūtībām, kuras panest pāri cilvēku spēkiem, bet tomēr prieks un pateicība man tādēļ nepalika mazāk.

Kā tas ir iespējams? Bet viss tādēļ, ka patiesa pateicība rada vēl lielāku pateicību. Es vienmēr meklēju par ko man pateikties Dievam un pienesu Viņam pateicības lūgšanas. Un ne tikai pateicības lūgšanas. Man sagādāja apmierinājumu dot pateicības ziedojumus Dievam. Papildus pateicības ziedojumiem, kurus es devu katrā dievkalpojumā, es pienesu arī citus ziedojumus Dievam. Es pateicos par draudzes locekļiem, kuri pieaug ticībā, par iespēju pagodināt Dievu caur liela mēroga aizrobežu evaņģelizācijas pasākumiem, par draudzes izaugsmi u.t.t. Man patika atrast iemeslus, lai pienestu savu pateicību Dievam.

Un Dievs nenogurstoši dāvāja man svētības un labestību, lai es varētu turpināt Viņam pateikties. Ja es pienestu pateicību tikai tad, kad viss bija labi un nepateiktos, bet žēlotos, kad radās nepatikšanas, tad man nebūtu tās laimes, kas ir tagad.

Ja jūs gribat pienest prieka augli.

Pirmkārt, jums jāatmet miesa.

Ja jūsos nav skaudības un greizsirdības tad, kad slavē citus vai viņi saņem svētības, mēs priecāsimies tā, it kā mēs paši būtu saņēmuši uzslavu un svētību. Un pretēji, par cik mēs esam spējīgi apskaust un būt greizsirdīgi par tik mums būs nepatīkami redzēt citu ļaužu veiksmi. Neapmierinātība ar citiem cilvēkiem liedz mums prieku un izraisa grūtsirdību, tādēļ ka citu ļaužu veiksme liek mums just savus paša trūkumus.

Un vēl: ja mūsos nav naida vai aizvainojuma, tad pat tad, kad pret mums izturēsies rupji vai mēs būsim kaut kur ierobežoti, mēs jutīsim vienīgi mieru. Mēs jūtam aizvainojumus un vilšanos tādēļ ka mūsos ir miesa. Miesa - tā ir nasta, tādēļ tā arī apgrūtina mūsu sirdi. Ja mums raksturīgas iedzīvošanās slāpes, tad mums būs slikti un mokoši pat tikai no vienas domas par to, ka salīdzinot ar citiem, mēs esam zaudējuši daudz vairāk.

Tādēļ ka mūsos ir miesīgas īpašības, ienaidnieks, velns un sātans satrauc mūsos šo miesīgo būtību, lai radītu tādu situāciju, kurā mēs nevarētu priecāties. Kamēr mūsos ir miesa, mēs nevarēsim būt ar garīgu ticību, tādēļ rūpju un problēmu būs arvien vairāk un vairāk, un mēs nevarēsim paļauties uz Dievu. Bet tie, kas paļaujas uz Dievu, var priecāties, pat ja viņiem šodien nav ko ēst. Tādēļ ka Dievs ir apsolījis, ka Viņš dos mums to, kas mums vajadzīgs, ja mēs vispirms meklējam Debesu Valstību un Viņa taisnību (Mateja 6:31-33).

Tie, kuros ir patiesa ticība, pie jebkurām grūtībām ieliek visus savus darbus Dieva rokās ar pateicības lūgšanām. Viņi sāks meklēt Dieva Valstību un Viņa taisnību ar mierīgu sirdi un tikai pēc tam lūgs par savām vajadzībām. Taču tiem, kas paļaujas nevis uz Dievu, bet paļaujas uz savām pašu domām un plāniem, nekas cits neatliek, kā zaudēt mieru. Tie, kas nodarbojas ar biznesu, nostāsies uz uzplaukuma ceļa un saņems svētības, ja viņi var skaidri dzirdēt Svētā Gara balsi un tam sekot. Bet līdz tam laikam, kamēr viņus vada alkatība, nepacietība, nepatiesas domas, viņiem neizdosies dzirdēt Svētā Gara balsi, un viņi sadursies ar grūtībām. Tātad, galvenais iemesls, kas liedz mums prieku ir miesīgas īpašības, kuras ir mūsu sirdī.

Mūsu garīgais prieks un pateicība vairosies arvien vairāk un vairāk, un mēs būsim veseli un veiksmīgi pēc tā mēra, par cik mēs atbrīvosimies no miesīgā sirdī.

Otrkārt, mums jāseko Svētā Gara vēlmēm visā.

Prieks, uz kuru mēs tiecamies, - tas ir nevis pasaulīgs prieks, bet prieks, kurš nāk no Augšienes, tas ir prieks Svētajā garā. Mēs varam būt priecīgi un laimīgi tikai tad, kad Svētais Gars mājo mūsos. Bet vispirms patiess prieks nāk pie mums tad, kad mēs no visas sirds zemojamies Dieva priekšā, lūdzam un slavējam Viņu un pildām Viņa vārdu.

Un vēl: cik gan laimīgi mēs būsim, ja, apzinoties savas nepilnības ar Svētā Gara palīdzību, mēs labosimies un kļūsim labāki! Mēs būsim daudz laimīgāki un pateicīgāki atrodot savu jauno „es", kurš atšķiras no iepriekšējā. Prieks, ko devis Dievs, nav salīdzināms ar šīs pasaules prieku, un nevienam neizdosies to mums atņemt.

Atkarībā no tā, ko mēs izvēlamies savā ikdienas dzīvē, mēs sekojam vai nu Svētā Gara vēlmēm, vai miesas vēlmēm. Ja mēs visu laiku sekojam Svētā Gara vēlmēm, tad Svētais Gars priecājas mūsos un piepilda mūs ar prieku. 3. Jāņa vēstulē 1:4 teikts: „Man nav lielāka prieka kā dzirdēt, ka mani bērni dzīvo patiesībā." Tas ir, šeit teikts, ka Dievs priecājas un dāvā mums prieku Svētā Gara pilnībā, kad mēs dzīvojam patiesībā.

Piemēram, ja tieksme uz personīgo izdevīgumu un vēlmi dot labumu citiem saskaras, sākas pretruna, tad mēs zaudējam prieku. Tad, pastāvot uz paša interesēm, mēs rezultātā saņemsim to, ko gribējām, taču šajā gadījumā neiegūsim garīgo prieku. Visdrīzāk, mums parādīsies sirdsapziņas pārmetumi vai skumjas sirdī. No citas puses, ja mēs rūpējamies par citu interesēm, tad var pienākt moments, kad mums liksies, ka mēs esam rīkojušies sev par sliktu, bet tā kā mēs iepriecinām Svēto Garu, tad pie mums no Augšas atnāks prieks. Tikai tie, kas piedzīvojuši tamlīdzīgu prieku, var saprast, cik tas ir brīnišķīgs. Tāda veida laimi neviens šajā pasaulē nevar ne iedot, ne saprast.

Lūk, stāsts par diviem brāļiem. Vecākais no viņiem nekad

nenovāca traukus pēc ēšanas. Tādēļ jaunākajam patstāvīgi nācās novākt galdu un viņam tas nemaz nepatika. Kādu reizi paēdis vecākais brālis gatavojās aiziet, bet jaunākais viņam sacīja: „Tev pēc sevis jānomazgā trauki." – „Tu to vari arī pats izdarīt," – atbildēja vecākais brālis un bez jebkāda samulsuma arī aizgāja. Jaunākajam brālim šī situācija bija nepatīkama, bet vecākais brālis jau bija aizgājis.

Jaunākais brālis zina, ka vecākais brālis nav pieradis mazgāt traukus pēc sevis. Un tādēļ viņš varētu vienkārši ar prieku pakalpot vecākajam brālim, novācot pēc viņa netīros traukus. Šajā gadījumā jūs padomāsiet, ka viņam nāksies pastāvīgi pašam mazgāt traukus, bet vecākais tā arī to nedarīs. Bet, ja mūsu darbi ir labestīgi, tad Dievs mainīs situāciju. Dievs mainīs vecākā brāļa sirdi, un viņš beigās padomās: „Man tik žēl, ka manam brālim visu laiku jāmazgā trauki. No šī momenta es mazgāšu traukus gan pēc sevis, gan pēc viņa."

Kā redzams no šī piemēra, ja mēs sekojam miesas vēlmēm tikai dēļ šī brīža izdevīguma, tad tas noved pie vilšanās un strīdiem. Bet, ja mēs kalposim citiem tā, kā to vēlas Svētais Gars, tad tas atnesīs mums prieku.

Tie, kas seko Svētā Gara vēlmēm, smaidīs ļaudīm ar sirdi, kas gatava viņiem kalpot. Ja mēs katru dienu nomirstam ar nodomu nest mierinājumu citiem cilvēkiem (1. vēst. Korintiešiem 15:31), tad mēs sajutīsim patiesu mieru un prieku, kas nonāks no Augšienes. Pāri tam, mēs varēsim pastāvīgi baudīt mieru un prieku, pat ja mums kaut kas nepatīk vai kāds raksturs nesaskan ar mūsējo.

Pieņemsim, ka jums piezvanīja draudzes līderis un palūdza kopā ar viņu apmeklēt draudzes locekli, kurš izlaidis svētdienas dievkalpojumu, vai jūs paprasīja vienā no retajām jūsu atpūtas dienām iet un sludināt kādam Evaņģēliju. Dvēseles dziļumos jums gribas atpūsties, bet cita jūsu apziņas daļa saka jums, lai ejam un darām darbu Dievam. Jums ir izvēles brīvība, kā jums rīkoties, tomēr tieksme ilgi gulēt un atpūtināt savu miesu ne obligāti atnesīs jums prieku.

Jūs varat sajust Svētā Gara pilnību un prieku atdodot savu laiku un bagātību kalpošanai Dievam. Atkal un atkal sekojot Svētā Gara vēlmēm, jūs vairosiet garīgo prieku; attiecīgi mainīsies tāpat arī jūsu sirds, kļūstot par patiesības sirdi. Un tad jūs attiecīgi pienesīsiet nobriedušu prieka augli, un jūsu seja atstaros garīgu gaismu.

Treškārt, jums centīgi jāsēj prieka un pateicības sēklas.

Lai zemkopis ievāktu ražu, viņam vispirms nepieciešams iesēt sēklas un tās kopt. Tieši tāpat, lai pienestu prieka augli, mums jāmeklē iespējas, lai izteiktu pateicību un dotu pateicības pienesumus Dievam. Ja mēs – Dieva bērni, kuros ir ticība, tad mums vienmēr ir iemesli, lai priecātos!

Pirmkārt, mums jāpriecājas par glābšanu, kuru neiespējami mainīt ne uz ko. Bez tam, labais Dievs – mūsu Tēvs, Viņš sargā savus bērnus, kas dzīvo patiesībā, un dod viņiem to, ko viņi lūdz. Cik gan mēs esam laimīgi cilvēki! Ja mēs svētījam Kunga Dienu un dodam pienācīgu desmito, tad visu gadu mūs neskars nelaimes un katastrofas. Ja mēs negrēkojam, ievērojam Dieva baušļus un uzticīgi strādājam priekš Viņa Valstības, tad mēs vienmēr saņemsim svētības.

Bet, ja mēs saskaramies ar grūtībām, tad mēs varam atrast jebkuru problēmu risinājumu sešdesmit sešās Bībeles grāmatās. Ja mūsu grūtību iemesls ir pašu nepareiza rīcība, tad mēs varam nožēlot grēkus un novērsties no tiem, un tad Dievs apžēlos mūs un dos atbildi, kā problēmu risināt. Un, kad mēs atskatāmies atpakaļ un mūsu sirds nenosoda mūs, tad mēs varam priecāties un pateikties. Tad Dievs visu vērsīs mums par labu un dos vēl vairāk svētības.

Mums Dieva dāvātā labvēlība nav jāpieņem, kā kaut kas tāds, kas mums pienākas. Mums jāpriecājas un jāpateicas Viņam visu laiku. Kad mēs meklējam iespējas priekš tā, lai priecātos un pateiktos, tad Dievs mums dod vēl vairāk iespēju, lai pateiktos. Savukārt mūsu pateicība un prieks pieaugs, un rezultātā mēs pienesīsim pilnīgu prieka augli.

Bēdāties pēc tam, kad pienests prieka auglis.

Neskatoties uz to, ka mūsu sirdī jau ir prieka auglis, mēs reizēm varam piedzīvot bēdas un šīs ir garīgās bēdas, kad mēs bēdājamies patiesībā.

Pirmkārt, ir grēku nožēlas bēdas. Kad mēs izejam testus un pārbaudījumus, ko izsauc mūsu grēki, tad lai problēmu atrisinātu, mēs nevaram vienkārši priecāties un pateikties. Ja cilvēks var priecāties pat pēc tam, kad viņš sagrēkojis, tad tas prieks – pasaulīgs, kuram nav nekāda sakara ar Dievu. Šajā gadījumā mums ar asarām jānožēlo grēki, apdomājot to, kā mēs varējām, ticot Dievam izdarīt tādu grēku un, kā mēs varējām atkāpties no Dieva labvēlības. Tad Dievs pieņems mūsu grēku nožēlu, un kā pierādījumu, ka grēka barjera sagrauta, Dievs dos mums prieku. Mēs sajutīsim tādu vieglumu un prieku, it kā lidotu debesīs; šis prieks un pateicība ir pavisam cita veida – tie nonāks uz mums no Augšienes.

Tomēr grēku nožēlas bēdas, protams, ka atšķiras no tām bēdām, kad mēs lejam asaras, ciešot no kādām nelaimēm un katastrofām. Pat, ja jūs lūdzaties ar asarām tā, ka jums tek no acīm un deguna, tad tās ir tikai miesīgas bēdas, ja jūs vienkārši raudat, bet nejūtaties sagrauti no radušās situācijas. Un vēl: ja jūs vienkārši cenšaties izbēgt no problēmām aiz bailēm no soda un necenšaties pilnībā atbrīvoties no grēkiem, tad jūs nevarēsiet iegūt patiesu prieku. Jums nebūs sajūtas, ka jūs esat saņēmuši piedošanu. Bet, ja jūsu grēku nožēlas bēdas – īstas nožēlas bēdas, tad jums jāatbrīvojas no pašas vēlmes darīt grēkus un jāpienes pienācīgs grēku nožēlas auglis.

Tikai pēc tā jūs no jauna saņemsiet garīgo prieku no Augšienes.

Un vēl, jūs varat bēdāties par to ka Dievs tiek zaimots, vai par to, ka ir dvēseles, kuru ceļš viņus ved uz nāvi. Tāda veida bēdas atbilst patiesībai. Piedzīvojot tamlīdzīgas bēdas, jūs patiesi lūgsieties par Dieva Valstību. Tamlīdzīgas bēdas Dievam pieņemamas un tīkamas. Esot ar tamlīdzīgām garīgām bēdām, jūs nezaudējat prieka dziļumu savā sirdī. Jūs nepazaudēsiet spēku, atrodoties drūmā un vilšanās pilnā stāvoklī, bet būsiet pateicīgi un laimīgi.

Dažus gadus atpakaļ Dievs parādīja man vienas ticīgās Debesu māju, kura bēdājoties lūdzās par Debesu Valstību un par draudzi. Viņas māja bija ar zeltu un dārgakmeņiem izgreznota, tajā skaitā ar lielu daudzumu lielu un mirdzošu pērļu. Tāpat kā austere veido pērli, atdodot tam visu savu enerģiju un spēkus, šī ticīgā sagruva lūgšanā par to, lai iegūtu līdzību ar Kungu, bēdājās lūgšanā par Debesu Valstību un dvēselēm. Dievs pārpilnībā atalgo par visām viņas lūgšanā izlietajām asarām. Tādā veidā mums vienmēr jāpriecājas, ticot Dievam, un mums jācieš par Dieva Valstību un dvēselēm.

Būt pozitīviem un jebkurā gadījumā sekot labajam.

Kad Dievs radīja pirmo cilvēku, Ādamu, Viņš ielika viņa sirdī prieku. Taču prieks, kas bija Ādamā tajā laikā, atšķīrās no tā prieka, kuru mēs saņemam cilvēces veidošanas gaitā uz šīs zemes.

Ādams bija dzīva būtne vai dzīvs gars, kas nozīmē, ka viņam nebija nekādu jūtu, kas pretējas priekam. Tas ir, viņam nebija nekāda priekšstata par visu lietu pretstatiem, tādēļ viņš nevarēja saprast, kāda vērtība ir prieks. Tikai tas, kas smagi slimojis, saprot, ka veselība – nenovērtējama. Tikai tie, kas bijuši nabagi, saprot nodrošinātas dzīves vērtīgumu.

Ādams nekad nebija piedzīvojis nekādas sāpes, tādēļ nevarēja saprast, cik laimīga bija viņa dzīve. Lai arī viņš baudīja mūžīgo dzīvību un pārpilnību Ēdenes dārzā, viņš, īstenībā nemācēja priecāties no visas sirds. Bet, pēc tam, kad viņš ēda augli no laba un ļauna atzīšanas koka, viņa sirdī iegāja miesa, un viņš pazaudēja prieku, ko Dievs bija devis. Tā kā viņš gāja caur šīs pasaules sāpēm, tad viņa sirds bija pārpildīta ar ciešanām, vientulību, vilšanos, aizkaitinājumu un satraukumiem.

Mēs ejam caur daudzām ciešanām, dzīvojot uz šīs zemes un tagad mums jāuzaudzē garīgo prieku, ko Ādams zaudēja. Lai to izdarītu, mums nepieciešams atmest miesu, visu laiku pildīt Svētā Gara vēlmes, sēt prieka sēklas un par visu pateikties. Un, ja pie tā pievienotu pozitīvu noskaņojumu un sekotu labestības principiem, tad mēs varēsim pienest pilnīgu prieka augli.

Atšķirībā no Ādama, kurš dzīvoja Ēdenes dārzā, mēs, dzīvojot uz šīs zemes, varam iegūt šo prieku, piedzīvojot daudzu lietu pretstatus. Tādēļ prieks, kas nāk no mūsu sirds dziļumiem, nekad nemainīsies. Patiesā laime, kuru mēs piedzīvosim Debesīs, veidojas mūsos jau uz šīs zemes. Kā gan mums izteikt to prieku, kas mums būs tad, kad pabeidzot dzīvi uz šīs zemes, mēs dosimies uz Debesu Valstību?! Lūkas Evaņģēlijā 17:21, teikts: „Nevarēs arī sacīt: redzi, še viņa ir vai tur, - jo, redziet Dieva Valstība ir jūsu vidū."

Es ceru, ka jūs cik iespējams ātrāk pienesīsiet prieka augli savā sirdī, lai sajūtot Debesu jaukumu jau uz zemes, jūs vienmēr varētu dzīvot laimīgi.

Vēst. Ebrejiem 12:14

„Dzenieties pēc miera ar visiem un pēc svētas dzīves, bez kā neviens neredzēs to Kungu,"

Pret tādām lietām nav bauslības

4. nodaļa

Miers

Miera auglis
Lai pienestu miera augli
Svarīgi laipni vārdi
Domājiet gudri, rēķinoties ar citu redzes viedokli
Patiess miers sirdī
Svētības miera nesējiem

Miers

Sāls daļiņas – neredzamas, taču, kristalizējoties tās kļūst par skaistiem kubiskiem kristāliem. Neliels daudzums sāls izšķīst ūdenī un maina visu ūdens struktūru. Sāls – absolūti nepieciešama piedeva, lai pagatavotu ēdienu. Mikroelementi, ko satur sāls pat nelielā daudzumā, nepieciešami, lai uzturētu dzīvības funkcijas.

Sāls, izšķīstot, uzlabo ēdiena garšu un novērš tā bojāšanos. Dievs vēlas, lai mēs, līdzīgi tam ziedojam sevi, lai pamācot un attīrot citus, pienestu brīnišķu miera augli. Tagad izskatīsim miera augli - vienu no Svētā Gara augļiem.

Miera auglis.

Pat Dievam ticīgie nevarēs saglabāt mieru attiecībās ar citiem cilvēkiem, ja viņiem ir savs, paša „ego", savs „es." Ja viņi pārliecināti par to, ka viņu idejas pareizas, tad viņi, visdrīzāk, neņems vērā citu domas un izturēsies necienīgi. Neskatoties uz to, ka lēmumi kādā ļaužu grupā tika pieņemti ar balsu vairākumu, viņi vienalga izrādīs neapmierinātību ar šo lēmumu. Arī cilvēkos viņi vispirms saskatīs trūkumus, bet ne viņu labās īpašības. Viņiem raksturīgi runāt un izplatīt par citiem tenkas, ar to pašu attālinot ļaudis citu no cita.

Tādu ļaužu sabiedrībā rodas sajūta, it kā tu gulētu gultā ar dzeloņiem un tev nav miera. Tur, kur ir cilvēki, kas izjauc mieru, vienmēr ir problēmas, bēdas un pārbaudījumi. Ja tiek izjaukts miers valstī, ģimenē, darbā, baznīcā vai citā ļaužu grupā, tad ceļš pie svētībām tiek bloķēts, un tādēļ rodas daudz sarežģījumi.

Teātrī galvenais varonis un galvenās lomas tēlotāji, protams, svarīgi, bet arī citu lomu tēlotāji un visi pārējie skatuves palīgstrādnieki arī nav mazāk svarīgi. Tas attiecas arī uz visām citām darbošanās sfērām. Pat kad runa iet par kaut ko pavisam ikdienišķu, tad, ja katrs cilvēks godīgi darīs savu darbu, viņš varēs pilnībā izpildīt uzdevumu; un tādam cilvēkam vēlāk var uzticēt kaut ko vēl nopietnāku. Kad mēs palīdzam arī citiem augt, tad viss darbs var tikt padarīts mierā un saskaņā.

Vēstulē Romiešiem 12:18, teikts: „Ja iespējams, no savas puses, turiet mieru ar visiem cilvēkiem." Un Vēstulē Ebrejiem 12:14, teikts: „Dzenieties pēc miera ar visiem un pēc svētas dzīves, bez kā neviens neredzēs To Kungu."

Lai „turētu mieru", šajā gadījumā, jums jābūt spējīgiem piekāpties citu ļaužu viedoklim pat tad, kad jums – taisnība. Šie vārdi sevī ietver, ka jūs esat spējīgi nomierināt cilvēkus, ka jums ir dāsna sirds, kas gatava piekrist visam, kas atrodas patiesības robežās. „Turēt mieru"- nozīmē rūpēties par apkārtējo interesēm un, pie tam nebūt liekulīgiem; nozīmē izvairīties no problēmām vai konfliktiem ar cilvēkiem, atturēties no personīgu iebildumu izteikšanas arī neskatoties uz ļaužu nolaidību.

Dieva bērniem jāsargā miers ne tikai tad, kad runa iet par attiecībām starp vīriem un sievām, vecākiem un bērniem, brāļiem, māsām un kaimiņiem. Viņiem jādzīvo mierā ne tikai ar tiem, kurus viņi mīl, bet arī ar tiem, kas viņus neieredz un rada viņiem problēmas. Īpaši svarīgi uzturēt mieru draudzē. Dievs nevar darboties tur, kur traucēts miers. Izjaucot mieru, var dot sātanam iespēju mūs sodīt. Pat, ja mēs centīgi pūlamies un sasniedzam augstus mērķus savā kalpošanā Dievam, mēs nevaram saņemt uzslavu, ja izjaukts miers.

1 Mozus grāmatā, 26. nodaļā, runāts par to, ka Īzaks turēja mieru ar visiem, pat situācijās, kad citi cilvēki meta viņam izaicinājumu. Kādu reizi Īzaks, lai izbēgtu no bada gāja uz vietām, kur dzīvoja Fīlistieši. Viņš saņēma daudz svētības no Dieva: viņa liellopu un sīklopu ganāmpulki vairojās, tādēļ viņa saimniecība kļuva arvien lielāka un lielāka. Filistieši sāka viņu apskaust, un visas Īzaka akas viņi aizbēra un nokaisīja ar zemi.

Tajā vietā nebija pietiekoši lietus, un īpaši sausa bija vasara. Un priekš tur dzīvojošajiem ļaudīm akām bija dzīvībai svarīga nozīme. Tomēr Īzaks nesāka strīdēties vai karot ar Filistiešiem. Viņš vienkārši no turienes aizgāja un izraka jaunas akas. Un katru reizi, kad viņš pēc ilgām mocībām, atrada aku, atnāca Filistieši un paziņoja, ka šī aka pieder viņiem. Un tomēr, Īzaks nekad nepretojās – viņš vienkārši atdeva viņiem šo aku. Un pats viņš pārvietojās uz citu vietu un izraka jaunu aku.

Tas atkārtojās daudz reižu, tomēr Īzaks izturējās pret šiem cilvēkiem ar labestību, un Dievs svētīja viņu ar to, ka, lai kur Viņš nebūtu, viņam bija aka. Redzot to, Filistieši saprata, ka ar viņu bija Dievs un pārstāja viņu traucēt. Bet, ja Īzaks sāktu strīdēties vai karot ar viņiem par netaisnīgo attieksmi, viņš kļūtu par to ienaidnieku un viņam nāktos šīs vietas pamest. Viņš, protams, varēja aizstāvēt sevi, pacīnīties par taisnību, bet tas neiedarbotos uz Filistiešiem, kuri, būdami ar ļauniem nodomiem, to vien gribēja kā strīdus. Bet Īzaks attiecās pret viņiem ar labu un pienesa miera augli.

Ja arī mēs lūk, tāpat pienesīsim miera augli, tad Dievs kontrolēs visas situācijas, un mēs gūsim panākumus visā. Un tā, kā gan mēs varam pienest miera augli?

Lai pienestu miera augli.

Pirmkārt, mums jābūt mierā ar Dievu.

Mēs varam būt mierā ar Dievu, tikai ja starp mums un Dievu nav nekādu grēka sienu. Tas – galvenais. Ādams paslēpās no Dieva pēc tam, kad pārkāpa Dieva vārdu un ēda augli no laba un ļauna atzīšanas koka (1. Mozus 3:8).

Pagātnē viņš bija ļoti tuvs ar Dievu, bet tagad Dieva klātbūtne izsauca viņā baiļu un atsvešināšanās sajūtu. Un viss tādēļ, ka viņa padarītā grēka dēļ, viņa miers ar Dievu bija izjaukts.

Tas pats notiek arī ar mums. Kad mēs dzīvojam patiesībā, mums ir miers ar Dievu un drošības sajūta Dieva priekšā. Protams, ka, lai miers būtu pilnīgs, mums jāattīra sava sirds no visiem grēkiem un ļaunuma un jākļūst apgaismotiem. Ja mēs pēc sava ticības mēra, centīgi pielietosim savā ikdienas dzīvē patiesību, mēs spēsim dzīvot mierā ar Dievu, pat neesot vēl pilnīgi. Mēs nevaram iegūt pilnīgu mieru ar Dievu burtiski no paša sākuma. Mēs varēsim dzīvot mierā ar Dievu, ja, atkal pēc sava ticības mēra, mēs tieksimies, lai mums būtu miers ar Viņu.

Cenšoties turēt mieru ar cilvēkiem, mums vispirms jātiecas dzīvot mierā ar Dievu. Un, lai arī mums nepieciešams turēt mieru ar saviem vecākiem, bērniem, sievām un vīriem, draugiem un darbabiedriem, mums nav jādara nekas tāds, kas naidīgs patiesībai. Tas ir, mums nav jāizjauc miers ar Dievu tādēļ, lai saglabātu mieru ar cilvēkiem.

Kā ir, ja mēs, piemēram, pielūdzam elkus vai pārkāpjams Kunga Dienu, tādēļ, lai saglabātu mieru ar neticīgajiem ģimenes locekļiem? Miers ģimenē varētu likties, netiek izjaukts, bet īstenībā, grēka sienas dēļ starp jums un Dievu, nopietni cietīs jūsu miers ar Dievu. Mēs nevaram grēkot, lai saglabātu mieru ar cilvēkiem. Un vēl: ja mēs pārkāpjam Kunga Dienu tādēļ, lai ietu uz ģimenes locekļa vai drauga kāzām, tad ar to mēs tāpat izjaucam mieru ar Dievu un rezultātā – mēs nespēsim iegūt mieru arī ar cilvēkiem.

Lai iegūtu patiesu mieru ar ļaudīm, mums vispirms jāizpatīk Dievam. un, tad Dievs izdzīs ienaidnieku, velnu un sātanu, mainīs ļaunu ļaužu nodomus, lai mums būtu miers ar visiem. Sakāmvārdos 16:7, teikts: „Ja kāda ceļi Tam Kungam labi patīk, tad Viņš liek izlīdzināties viņam arī ar viņa ienaidniekiem."

Protams, ka neskatoties uz visu jūsu cenšanos patiesībā, kāds cits pats var izjaukt ar jums mieru. Tādos gadījumos, ja mēs izturamies tā, kā mums liek patiesība, tad rezultātā Pats Dievs visu vērsīs mums par labu. Tā bija arī gadījumā ar Dāvidu un ķēniņu Saulu. Ķēniņš Sauls aiz skaudības centās nogalināt Dāvidu, bet Dāvids parādīja pret viņu labvēlību līdz pašam galam. Viņš ne reizi vien, varēja nogalināt Saulu, bet viņš deva priekšroku parādot labvēlību, saglabāt mieru ar Dievu. Un Dievs beidzot ļāva

Dāvidam uzkāpt tronī, atalgojot viņu par viņa labajiem darbiem.

Otrkārt, mums jātur miers pašiem ar sevi.

Lai dzīvotu mierā pašiem ar sevi, mums jāatbrīvojas no visām ļaunuma formām un jākļūst sirdsšķīstiem. Līdz tam laikam, kamēr mūsu sirdī ir ļaunums, tas pamodīsies noteiktās situācijās, un tad neizbēgami miers tiks izjaukts. Kad viss notiek tā, kā mums gribētos, viegli saglabāt mieru, bet, ja notikumi pieņem citu virzienu, tad mūsu sirdī saceļas dusmas un, tad miers tiek izjaukts. Cik gan tas ir smagi, kad dusmas vai ienaids vārās mūsu sirdī! Un, starp citu, mēs varam paturēt mieru sirdī neatkarīgi no situācijas, bet tikai ja izvēlēsimies patiesību.

Dažiem cilvēkiem tomēr nav patiesa miera sirdī, lai arī viņi cenšas dzīvot patiesībā, lai saglabātu mieru ar Dievu. Tā iemesls slēpjas tajā, ka viņiem raksturīgas tādas īpašības kā paštaisnums un aprobežota domāšana.

Piemēram, dažiem cilvēkiem nav miera dvēselē, tādēļ ka Dieva Vārds viņus pārāk sasaista. Tā bija ar Jonu līdz tam, kā viņam nācās iet cauri pārbaudījumiem. Viņš lūdzās un ļoti centās dzīvot pēc Dieva Vārda, taču viņš nedarīja to aiz mīlestības pret Dievu. Cilvēki, viņam līdzīgie, dzīvo pēc Dieva Vārda, baidoties saņemt par saviem darbiem sodu un atmaksu no Dieva. Un, ja viņiem gadās pie kādiem apstākļiem atkāpties no patiesības, tad tie sāk nervozēt, baidoties sadurties ar nevēlamām sekām.

Kā gan tad cieš viņu sirds, jo viņi tik centīgi pielietoja praksē patiesību! Viņu garīgā izaugsme apstājas, un viņi zaudē prieku. Rezultātā viņi cieš no pašu paštaisnības un aprobežotās domāšanas. Šajā gadījumā, tā vietā, lai ieciklētos uz likuma pildīšanu, viņiem jākultivē sevī mīlestība pret Dievu. Cilvēks var baudīt patiesu mieru, ja viņš mīl Dievu no visas sirds un saprot Dieva mīlestības būtību.

Lūk, vēl viens piemērs. Ir ļaudis, kuriem nav miera ar sevi dēļ pašu negatīvās domāšanas. Viņi cenšas pielietot īstenību praktiski, bet, ja nesaņem rezultātus, kādus tiem gribētos redzēt, viņi nosoda sevi, sāpinot savu sirdi. Viņi sagrūst Dieva priekšā un krīt izmisumā, domājot par saviem trūkumiem. Viņi zaudē mieru, pie tam bēdājoties, ka var pievilt apkārtējos un, ka cilvēki var no viņiem novērsties.

Šiem ļaudīm garīgajā plānā, nepieciešams kļūt par bērniem. Bērnu domāšana, kuri tic savu vecāku mīlestībai, diezgan vienkārša. Pat pielaižot kādu kļūdu, viņi neslēpjas no vecākiem. Tieši otrādi, viņi skrien vecāku apkampienos, sakot, ka nākošajā reizē visu izdarīs labāk. Ja bērni ar mīļu un paļāvīgi seju atzīst savu vainu un apsola laboties, tad vecāki sāks smaidīt viņiem, pat, ja viņi arī gatavojušies tos sabārt.

Protams, tas nenozīmē, ka jūs varat visu laiku solīt, ka labosieties un turpināt darīt tās pašas kļūdas. Ja jūs patiesi gribat attīrīties no grēkiem un, nākošā reizē būs redzami uzlabojumi tajā, ko jūs darāt, vai gan Dievs novērsīs Savu vaigu no jums? Kas patiesi nožēlojis grēkus, tas par kādu vai par kaut ko nebēdāsies un nekritīs grūtsirdībā. Pēc taisnības viņi, protams, var kādu laiku saņemt sodu vai pazeminājumu kalpošanā. Bet, ja viņi patiesi tic tam, ka Dievs viņus mīl, viņi labprātīgi pieņems sodu no Dieva, nepievēršot uzmanību apkārtējo domām un komentāriem.

Un pretēji, ja viņi arī tālāk šaubīsies un domās, vai viņu grēki piedoti vai nē, tad Dievam tas nepatiks. Ja viņi patiešām grēkus nožēlojuši un novērsušies no saviem ceļiem, tad ticība tam ka, viņiem piedots, tīkama Dievam. Lai pat nepareizi darbi pieveduši pie pārbaudījumiem, tie vienalga pārvērtīsies par svētībām tiem, kas šos pārbaudījumus pieņem ar prieku un pateicību.

Tādēļ mums jātic tam, ka Dievs mūs mīl, neskatoties uz mūsu nepilnībām. Viņš dara mūs pilnīgus, ja mēs arī tālāk centīsimies sevi mainīt. Pat būdami pazemoti pārbaudījumos, mums jāuzticas Dievam, kurš beigās mūs paaugstinās. Mums nav jāparāda nepacietība, vēloties saņemt ļaužu atzinību. Ja mēs turpinām vairot patiesību savās sirdīs, ko apstiprina arī mūsu darbi, tad mēs iegūsim garīgo spēku un mieru.

Treškārt, mums jātur miers ar visiem.

Priekš tā, lai turētu mieru ar visiem, mums jābūt spējīgiem uz pašuzupurēšanos. Mums jābūt gataviem ziedot sevi, ja būs vajadzīgs pat atdot savu dzīvību. Pāvils teica: „es mirstu katru dienu," un, lai atbilstu tam, ko viņš teica, mums nav jāuzstāj uz savu, jāpierāda savu uzskatu taisnība un savu pārākumu, ja gribam būt mierā ar visiem.

Lai būtu mierā ar visiem, mums jāuzvedas cienījami, nav jālielās ar saviem sasniegumiem un nav jālepojas ar sevi. Mums jāsavalda sevi, no visas sirds paaugstinot citus. Mēs nevaram būt aizspriedumaini; vienlaicīgi mums nepieciešams saprast un pieņemt cilvēkus, ja viņu ceļi atrodas patiesības robežās. Svarīgi, lai mēs nedomātu tikai ņemot vērā personīgās ticības mēru, bet rēķinātos ar citu redzes viedokli. Pat, ja mūsu uzskats pareizs un, iespējams, tas pat labāks, nekā citiem, mums vienalga jārēķinās ar pārējo domām.

Tas tomēr nenozīmē, ka mums jāatstāj viss kā ir, un jāļauj tiem iet savu ceļu, ja šis ceļš ved viņus uz nāvi tādēļ, ka viņi grēko. Mums nav jāiet ar viņiem uz kompromisu vai jāstājas ar viņiem savienībā un kopā jādara netaisnība. Reizēm mums nākas ar mīlestību dot viņiem padomu vai pamācību. Mēs varam saņemt lielas svētības, meklējot mieru patiesības robežās.

Un vēl: lai dzīvotu mierā ar visiem, mums nav stūrgalvīgi jāaizstāv sava taisnība un personīgie domāšanas stereotipi. Domāšanas stereotipi – tas ir tas, ko pats cilvēks uzskata par pareizu, izejot no savas paša personības, savas izpratnes par pieklājību un to kam pats dod priekšroku. Paštaisnība dotajā gadījumā parādās vēlmē uzspiest citiem savu viedokli, pārliecību un idejas, uzskatot, ka tās labākas nekā citiem. Paštaisnības un domāšanas stereotipi var parādīties visdažādākās formās.

Un kā, ja cilvēks pārkāpj kompānijas vai firmas noteikumus, attaisnojot savu darīto ar to, ka pats viņš tos uzskata par nepareiziem? Viņš domā, ka dara to, kas viņam jādara, tomēr viņa vadītājs un darbabiedri domā savādāk. Bez tam, saskaņā ar patiesību, mums jārēķinās ar citu viedokli, ja tā nav nepatiesība.

Katram cilvēkam ir savas īpatnības, jo mēs visi esam auguši dažādos apstākļos. Ļaudis cits no cita var atšķirties ar izglītību un savas ticības mēru. Tādēļ katram cilvēkam savi sprieduma standarti par to, kas labs un kas slikts. Un tas ko viens uzskata par pareizu, var būt nepareizs citam.

Piemēra pēc apskatīsim savstarpējās vīra un sievas attiecības. Vīrs grib, lai mājās vienmēr tiktu uzturēta kārtība, bet sievai negribas ar to nodarboties. Aiz mīlestības pret sievu vīrs no sākuma samierinās ar to, un pats veic uzkopšanu. Taču, ja tas turpināsies arī turpmāk, viņš noskums. Un viņš jau sāk domāt, ka viņa sieva – nav visai laba saimniece. Viņš brīnās, par to, ka viņa nevar izdarīt pat elementāras un nepieciešamas lietas. Un viņš nesaprot, kāpēc viņas ieradumi ar gadiem nemainās, neskatoties uz visiem viņa padomiem un palīdzību.

Sievai, savukārt, arī ir ko pateikt. Viņa apvainojas uz vīru. Pie tam domājot: „Es eksistēju ne tikai priekš tā, lai darītu mājas darbus. Ja es nevaru veikt uzkopšanu, viņam tas jādara pašam. Un ko viņš pastāvīgi par to žēlojas? Agrāk man likās, ka viņš manis dēļ gatavs uz visu, bet tagad žēlojas par tādiem sīkumiem. Tagad viņš pat runā, ka ģimenē mani nav iemācījuši būt par saimnieci!" Un, ja katrs no viņiem uzstās uz savu viedokli un aizstāvēs savas vēlmes, tad starp viņiem miera nebūs. Miers iestāsies tikai tad, kad viņi sāks ņemt vērā cits cita viedokli, kalpos cits citam un pārstās pierādīt cits citam savu paša taisnību.

Jēzus mums teica, ka ja mēs pienesam savus dāvinājumus Dievam, bet pie tam mums ir kaut kas pret mūsu brāli, tad mums nepieciešams vispirms salīgt ar viņu un tikai pēc tam pienest savas upurēšanas dāvanas (Mateja 5:23-24). Mūsu dāvinājumus Dievs pieņem tikai pie noteikuma, ka mēs tos pienesam pēc tam, kad esam salīguši mieru ar brāli.

Tie, kuros ir miers ar Dievu un pašam ar sevi, neizjauks mieru arī ar citiem. Viņi nesāks strīdēties, tādēļ ka viņi jau atbrīvojušies no savas alkatības, augstprātības, lepnības, paštaisnības un pašu domāšanas stereotipiem. Pat, ja ļaunums citos cilvēkos izprovocēs problēmas, šie ļaudis upurēs sevi un, tā rezultātā noslēgs ar viņiem mieru.

Labi vārdi ļoti svarīgi.

Ir daži faktori, kurus mums jāņem vērā, kad tiecamies uz mieru. Pirmkārt, lai uzturētu mieru, ļoti svarīgi runāt tikai laipnus vārdus. Sakāmvārdos 16:24, teikts: „Laipnīgas runas ir kā medus kāres, tās nomierina dvēseli un atspirdzina kaulus kā zāles."

Laipni vārdi dod spēku un drosmi tiem, kas paguruši. Tie var kļūt par labām zālēm, lai atdzīvinātu mirstošas dvēseles.

Un otrādi – ļauni vārdi izjauc mieru. Kad ķēniņš Rehabeāms, ķēniņa Salamana dēls, uzkāpa tronī, tauta no desmit ciltīm prasīja ķēniņu atvieglot viņu nodevu smagumu. Uz to ķēniņš atbildēja: „Es padarīšu smagu jūsu jūgu, un es tam vēl ko pielikšu klāt, mans tēvs jūs pārmācīja ar pātagām, bet es jūs pārmācīšu ar dzeloņainām pātagām," (2. Laiku grām. 10:14).

Šie vārdi noveda pie atsvešināšanās starp ķēniņu un tautu, un no tā savukārt, valsts sadalījās divās daļās.

Cilvēka mēle – maza viņa ķermeņa daļa, taču tā ir ar lielu spēku. Tā lielā mērā līdzinās nelielai uguntiņai, kas var kļūt par iemeslu lielam ugunsgrēkam un nest milzīgus zaudējumus, ja zaudējam kontroli pār to. Šī iemesla dēļ, Jēkaba vēstulē 3:6, teikts: „Un arī mēle ir kā uguns netaisnības pasaulē, mēle ir likta starp mūsu locekļiem, tā apgāna visu miesu un aizdedzina dzīves ritmu, jo pati ir elles aizdedzināta." Un tāpat Sakāmvārdos 18:21, rakstīts: „Nāve un dzīvība stāv mēles varā, kas mīl savas mēles māku, tas baudīs no tās augļiem."

Īpaši, ja mēs izsakām apvainojumus vai žēlojamies, tādēļ ka mūsu uzskati atšķirīgi, mūsu vārdi sāk nest sevī ļaunumu, kas dod tiesības ienaidniekam, velnam un sātanam, izvirzīt pret mums apsūdzības. Apspiest sevī žēlošanos un pāri darījumus vai izrādīt jūtas vārdos un darbos – tās ir divas dažādas lietas. Turēt tintnīcu kabatā – tas ir viens, bet atvērt vāciņu un izliet tinti no tintnīcas – tas ir cits. Ja tinte izlīs, tad arī ļaudis apkārt, un arī jūs paši varat sasmērēties.

Tāpat arī jūs, darot darbu Dievam, varat sākt žēloties tādēļ, ka kaut notiek ne tā, nesakrīt ar jūsu idejām. Un tad tie, kam imponē jūsu idejas, teiks to pašu, ko arī jūs. Ja jūsu piekritēju skaits pavairosies divkārt vai trīskārt, tad noformēsies sātana sinagoga. Tad miers draudzē būs izjaukts un draudzes pieaugšana beigsies. Tādēļ mums vienmēr jāredz, jādzird, un jārunā tikai labu (Vēst. Efesiešiem 4:29). Mums pat nav jāklausās tie vārdi, kuros nav patiesības un labestības.

Domājiet gudri, ņemot vērā citu redzes viedokli.

Kā būs tajā gadījumā, ja mums personīgi nav nekāda naidīguma pret cilvēku, bet viņš pats jauc mieru ar jums? Šajā gadījumā jums jādomā: vai patiešām tajā vainojams tikai tas cilvēks? Reizēm jūs, paši to neapzinoties, varat radīt iemeslu, kura dēļ tiek izjaukts miers ar jums.

Jūs varat ievainot citu jūtas ar saviem neapdomīgajiem vai negudrajiem vārdiem un uzvedību. Līdzīgos gadījumos turpinot domāt, ka jūsos nav nekādu aizvainojumu pret to cilvēku, jūs neiegūsiet mieru ar viņu un nenāksiet pie paša izpratnes, kas ļautu jums mainīties. Jums jāpārbauda sevi, vai patiešām jūs esat miera nesējs, teiksim, cita cilvēka skatījumā.

Vadītājam var likties, ka viņš glabā mieru, bet viņa strādniekiem ar viņu grūti. Viņi nevar atklāti pateikt savai vadībai par to, ko viņi jūt. Un viņiem nākas iekšēji ciešot, vienkārši ar to samierināties.

Vēsture atceras zināmo gadījumu no premjerministra Hvana Hī, Čosonu dinastijas. Kādu reizi viņš ieraudzīja fermeri, arot savu zemi ar arklu, kurā bija iejūgti divi vērši. Ministrs skaļā balsī jautāja fermerim: „Kurš no diviem vēršiem labāk strādā?" Bet fermeris piepeši paņēma ministru aiz rokas, aizveda viņu tālāk no tās vietas un sāka čukstēt viņam ausī: „Melnais mēdz paslinkot, bet dzeltenais strādā centīgi."- „Kāpēc tu atvedi mani šurp un čuksti man ausī par saviem vēršiem?" – jautāja Hvans Hī ar smaidu. Fermeris atbildēja: „Pat dzīvniekiem nepatīk, kad par tiem runā kaut ko sliktu." Runā, ka Hvans Hī tad saprata paša bezrūpību vārdos.

Kā būtu, ja vērši patiešām saprastu par ko runā fermeris? Dzeltenais vērsis laikam kļūtu lepns, bet melnais sāktu apskaust dzelteno vērsi un kaitēt viņam un varbūt sarūgtināts sāktu strādāt vēl sliktāk, nekā iepriekš.

Šis stāsts māca mums būt uzmanīgiem pat ar dzīvniekiem, parādīt uzmanību vārdos un darbos un nerunāt un nedarīt to, kas izrādītu mūsu pārākumu, un to kam dodam priekšroku. Tur kur ir favorīti, tur dzimst skaudība un augstprātība. Piemēram, ja jūs slavējat tikai vienu cilvēku, daudziem citiem skatoties, tad ar to jūs radāt augsni nesaskaņām. Jums jābūt pietiekoši uzmanīgiem un gudriem, lai neradītu tamlīdzīgas problēmas.

Un vēl: ja cilvēki, cietuši no diskriminācijas un neobjektīvas sava vadītāja attieksmes, paši ieņem vadītāja amatu, tad viņi arī sāks ar necienīgu attieksmi izturēties pret noteiktiem cilvēkiem, attiecīgi vienlaicīgi būt labvēlīgāki pret pārējiem. Bet mēs saprotam, ka cietušiem no tādas netaisnības, jābūt uzmanīgākiem savos vārdos un darbos, lai neizjauktu mieru.

Patiess miers sirdī.

Ir vēl viena lieta, par kuru mums vajadzētu padomāt: ja jūs gribat, lai būtu miers, tad īstam mieram jābūt sirdī. Pat tie, kuros nav miera ar Dievu vai pašiem ar sevi, var kādā noteiktā pakāpē turēt mieru ar citiem. Daudzi ticīgie bieži dzird par to, ka tiem nav jāizjauc miers, ka viņiem jāmāk kontrolēt savas nepatikas jūtas un nav jākonfliktē ar tiem, kuru uzskati atšķiras no viņu personīgiem. Tomēr, ārēju konfliktu trūkums, nenozīmē, ka viņi pienesuši miera augli. Gara auglim jāpiedzimst ne tikai no ārpuses, bet arī iekšienē, sirdī.

Piemēram, ja kāds jums nekalpo vai neatzīst jūs, tad jūs sajūtaties aizvainots, tomēr jūs varat to neizrādīt skaļi. Jūs, padomājuši par to, ka jābūt mazliet pacietīgākiem, pacentīsieties būt pakalpīgāki pret šo cilvēku. Bet, pieņemsim, ka tas pats atkārtojas atkal.

Un tad jūsos krāsies aizvainojumi. Jūs negribat atklāti izteikt savu sašutumu, domājot, ka no tā cietīs jūsu lepnums; taču, lai arī ne tieši, bet jūs tomēr nosodīsiet šo cilvēku. Un tā vai savādāk, bet jūs parādīsiet, ka jums tas nav patīkami.

Reizēm jūs nesaprotat citus, un tas traucē jums turēt mieru ar tiem. Jūs vienkārši turat muti „aiz atslēgas", baidoties, ka, ja jūs iebildīsiet, tad sāksies strīds. Un vienkārši pārtraucat runāties ar šo cilvēku, lūkojoties uz viņu no augšas, pie tam domājot: „Viņā ir tik daudz ļauna. Viņš tāds uzstājīgs, ka es nevaru runāt ar viņu."

Šajā gadījumā no ārienes neizskatās, ka jūs izjaucat mieru, bet jums nav arī labvēlīgu jūtu attiecībā uz šo cilvēku. Jūs nepiekrītat viņa viedoklim un jūtat, ka jums pat negribas atrasties viņam blakus. Jūs pat sāksiet par viņu žēloties, stāstot citiem par viņa trūkumiem. Un jūs stāstiet par savām nepatīkamajām sajūtām: „Viņš patiešām pilns ļaunuma. Kas var viņu saprast un to, ko viņš dara! Bet es, tomēr parādot labestību, vēl joprojām ciešu viņu."

Un, protams, labāk vismaz tā saglabāt mieru, nekā atklāti sagraut to.

Bet priekš tā, lai būtu ar patiesu mieru, jums jākalpo citiem no visas sirds. Jūsos nevajadzētu būt pat vēlmei, lai citi kalpotu jums. Jums labprātīgi jākalpo ļaudīm un jārūpējas par viņu interesēm.

Jums nav vienkārši jāsmaida visiem, bet pie sevis - jānosoda. Jums nepieciešams saprast citus, iedomājoties sevi viņu vietā. Tikai tad Svētais Gars var sākt darboties. Un, ja pat viņi meklētu pašu labumu, viņu sirdis būs aizkustinātas un viņi mainīsies. Ja katrs cilvēks redzēs paša trūkumus, tad spēs arī atzīt savas vainas. Bet rezultātā iestāsies patiess miers un cilvēki sāks atdot cits citam daļiņu no savas paša sirds.

Svētības miera nesējiem.

Tiem, kuros ir miers ar Dievu, pašiem ar sevi un ar visiem, ir vara padzīt tumsu. Viņiem apkārt vienmēr valda miers. Mateja Evaņģēlijā 5:9, rakstīts: „Svētīgi miera nesēji, jo tie tiks saukti par Dieva bērniem"; tas ir, viņiem ir Dieva bērnu vara, gaismas vara.

Ja jūs, piemēram, esat draudzes līderis, jūs varat palīdzēt ticīgajiem pienest miera augli. Un tieši, lai tie attālinātos no grēkiem un sagrautu savu paštaisnību un domāšanas stereotipus, jūs varat barot viņus ar patiesības Vārdu, kurā ir autoritāte un vara. Un ja veidojas sātana sinagoga, kura atsvešina ļaudis citu no cita, jūs mācēsiet to iznīdēt ar sava vārda spēku. Tādā veidā jūs nodibināsiet mieru starp dažādiem cilvēkiem.

Jāņa Evaņģēlijā 12:24, teikts: „Patiesi, patiesi Es jums saku, ja kviešu grauds nekrīt zemē un nemirst, viņš paliek viens, bet, ja viņš mirst, viņš nes daudz augļu."

Jēzus sevi upurēja, nomirstot līdzīgi kviešu graudam, un atnesa lielu daudzumu augļus. Viņš piedeva daudz mirstošu dvēseļu grēkus un samierināja viņus ar Dievu. Rezultātā Pats Kungs kļuva ķēniņu Ķēniņš un kungu Kungs, saņemot lielu godu un slavu.

Mēs varam pienest bagātīgu ražu tikai tad, kad mēs upurējam sevi. Dievs Tēvs vēlas, lai viņa mīļotie bērni, pienestu upuri, „nomirstu kā kviešu grauds", un pienestu bagātīgus augļus, līdzīgi tam, kā to darīja Jēzus. Jāņa Evaņģēlijā 15:8, Jēzus tāpat teica: „Ar to Mans Tēvs ir godā celts, ka jūs nesat daudz augļu un topat par Maniem mācekļiem." Tātad sekojot teiktajam, pildīsim Svētā Gara vēlmes, lai pienestu miera augli un virzītu daudzas dvēseles uz glābšanās ceļu.

Vēstulē Ebrejiem 12:14, teikts: „Dzenieties pēc miera ar visiem un pēc svētas dzīves, bez kā neviens neredzēs To Kungu."

Pat ja jums absolūta taisnība, bet pie tā jūsu dēļ rodas konflikti, un tas atstāj ļaudīm nepatīkamas sajūtas, tad jums nav taisnība Dieva acīs, tādēļ jums vispirms jātiek skaidrībā ar sevi. Tad jūs varēsiet kļūt par svētu cilvēku, kurā nav nekāda ļaunuma; par cilvēku, kurš varēs ieraudzīt Kungu. Tā rīkojoties, es ceru, ka jūs, esot Dieva bērni, iegūsiet varu uz šīs zemes un ieņemsiet godājamu stāvokli Debesīs, kas dos jums iespēju pastāvīgi skatīt Kungu.

Jēkaba vēst. 1:4

„Bet izturība, lai parādās darbā līdz galam, ka jūs būtu pilnīgi caurcaurim un jums nebūtu nekāda trūkuma,"

Pret tādām lietām nav bauslības

5. nodaļa

Pacietība

Pacietība, kas neprasa piepūli, lai būtu pacietīgs
Pacietības auglis
Ticības tēvu pacietība
Pacietība vajadzīga, lai ieietu Debesu Valstībā

Pacietība

Ļoti bieži mūsu laime dzīvē atkarīga no tā, cik mēs esam pacietīgi. Vecāki un bērni, vīri un sievas, brāļi, māsas un draugi, nebūdami ar pietiekošu pacietību, nereti izdara darbus, par kuriem pēc tam nožēlo. Panākumi un neveiksmes mācībās, darbā vai biznesā arī var būt atkarīgi no mūsu pacietības. Pacietība – ļoti svarīga īpašība cilvēka dzīvē.

Garīgā pacietība un tas, ko pasaules ļaudis uzskata par pacietību, tās – pilnīgi atšķirīgas lietas. Šīs pasaules ļaudis var pacietīgi pārciest kaut ko, bet tā – miesīga pacietība. Sajūtot nepatiku viņi ļoti cieš un cenšas apspiest sevī šīs jūtas. Viņi staigā ar sakostiem zobiem, bet kāds arī zaudē apetīti. Rezultātā no tā viņiem rodas tādas problēmas, kā neiroze un depresija. Lai arī ļaudis, kas māk apslāpēt savas jūtas, var izrādīties ļoti pacietīgi. Tomēr tā nebūt nav garīga pacietība.

Pacietība, kas neprasa piepūli, lai būtu pacietīgs.

Būt garīgi pacietīgam nenozīmē dusmoties, bet paciest; bet tas nozīmē – pacietībā parādīt laipnību. Parādot pacietību ar labestību, jūs pārvarēsiet grūtības ar pateicību un cerību. Tas ļaus jums paplašināt savas sirds robežas. Un, otrādi, ja jūs ciešat, apspiežot sevī dusmas, tad jūsos krāsies aizkaitinājums, un jums sirds arvien vairāk un vairāk nocietināsies.

Pieņemsim, kāds nolād jūs un sagādā jums sāpes bez jebkāda iemesla. Iespējams, jūs jutīsiet, ka jūsu lepnums aizskarts un pat sajutīsieties kā upuris, tomēr jūs censtaies apspiest sevī šīs jūtas ar domām par to, ka jums jābūt pacietīgiem atbilstoši Dieva Vārdam.

Taču pie tam, cenšoties ņemt zem kontroles savas emocijas, jūs stāvēsiet ar sarkanu seju, paātrinātu elpošanu un sakniebtām lūpām. Bet, ja tā apspiež sevī jūtas, tad tās agrāk vai vēlāk tās var izrauties ārpusē – vajag tikai situācijai padziļināties. Tamlīdzīga pacietība nav – garīga pacietība.

Ja jūs esat gar garīgu pacietību, tad nekas nepiespiedīs jūsu sirdij satraukties. Pat ja jūs bez iemesla apsūdz kādā lietā, jūs mierināsiet daudzus, dodot viņiem saprast, ka tas ir vienīgi pārpratums. Esot ar tādu sirdi, jums nenāksies „ciest" vai „piedot" kādam. Ļaujiet tā sakarā pievest jums nelielu piemēru.

Aukstā ziemas naktī vienā mājā līdz vēlai naktij dega gaisma. Bērnam, kas dzīvoja šajā namā bija augsta temperatūra – līdz 40 °C (104 °F). Bērna tēvs mērcēja savu kreklu aukstā ūdenī un ņēma bērnu rokās. Kad tēvs vienkārši lika uz bērna aukstu dvieli, viņam tas nepatika un izraisīja nemieru. Bet, kad mazulis bija tēva rokās, tad viņš sajutās mierīgs, pat sajūtot aukstā krekla pieskārienu.

Kad krekls no bērna karstuma sasila, tēvs no jauna to mērcēja aukstā ūdenī. Tēvam nācās slapināt savu kreklu desmitiem reižu līdz atnāca rīts. Taču viņš nemaz neizskatījās noguris. Viņš lūkojās mīlošām acīm uz savu bērnu, kurš gulēja, sajūtoties drošībā viņa rokās.

Un, lai arī tēvs visu nakti nebija gulējis, viņš nežēlojās par izsalkumu un nogurumu. Viņam vienkārši nebija laika domāt par sevi. Visa viņa uzmanība bija koncentrēta uz bērnu un domām par to, ko gan vēl izdarīt, lai dēls justos labāk un komfortablāk. Bet, kad mazulim palika labāk, viņš neatcerējās par to, kādas pūles tur bija ieliktas. Ja mēs kādu mīlam, tad mēs esam gatavi viņa dēļ pūlēties un panest grūtības, tādēļ mums nav jāpiespiež sevi būt pacietīgiem. Tāda ir garīgās pacietības jēga.

Pacietības auglis.

Par pacietību mēs varam izlasīt 1. vēstulē Korintiešiem 13. nodaļā – „Mīlestības nodaļā"; un šeit runāts par pacietību, ar kuras palīdzību tiek kultivēta mīlestība. Piemēram, tur runāts par to, ka mīlestība nemeklē savu labumu. Lai atteiktos no paša vēlmēm un domātu par citu interesēm, mums vispirms nāksies sadurties ar situācijām, kuras prasīs no mums pacietību. Pacietība „Nodaļā par Mīlestību" – tā ir pacietība, kura audzē mūsos mīlestību.

Bet tā pacietība, kura ir Svētā Gara auglis, tā ir pacietība, kas parādās visā. Tamlīdzīga pacietība – daudz augstāka līmeņa par to pacietību, kura raksturīga garīgai mīlestībai. Kad mēs cenšamies sasniegt mērķi, vai tā būtu Dieva Valstības paplašināšanās vai personīgā svēttapšana, tad parādās grūtības. Mūsu ceļā parādīsies bēdas un grūtības, kas atņems visu mūsu enerģiju. Bet mēs mācēsim pārciest visu ar ticību un mīlestību, tādēļ ka mums ir ccrība ievākt augli. Tāda veida pacietība ir viens no Svētā Gara augļiem. Un šo pacietību var iedalīt trīs kategorijās.

Pirmkārt, tā ir pacietība, kas maina mūsu sirdi.

Jo vairāk ļaunuma sirdī, jo grūtāk būt pacietīgam. Ja mūsos kaut kādā mērā klātesošas dusmas, augstprātība, alkatība, paštaisnība, vai ja mēs pieturamies pie saviem personīgiem standartiem, tad mēs varam zaudēt pašsavaldīšanos un sadusmoties pat paša nenozīmīgākā iemesla dēļ.

Vienam no draudzes locekļiem mēneša ienākumi bija ap 15 tūkstošiem ASV dolāru, bet kādā mēnesī viņš nopelnīja mazāk nekā parasti. Un viņš sāka kurnēt un žēloties uz Dievu. Vēlāk viņš atzinās, ka neizjuta pateicību par ienākumiem, kas viņam bija, tādēļ ka viņa sirdī bija alkatība.

Mums jāpateicas Dievam par visu, ko Viņš mums dod, pat ja mēs pelnām ne tik daudz. Tad mūsu sirdīs neaugs alkatība, un mēs varēsim saņemt no Dieva svētības.

Bet, pēc tā mēra, kā mēs atmetam ļaunumu un kļūstam sirdsšķīsti, mums arvien vieglāk un vieglāk parādīt pacietību. Mēs varam paciest, paliekot mierīgi pašā grūtākajā situācijā. Un mēs mācēsim vienkārši saprast un piedot citiem, bez nepieciešamības kaut ko apspiest sevī.

Lūkas Evaņģēlijā 8:15, teikts: „Bet kas labā zemē, ir tie, kas Vārdu dzird un to patur labā un godīgā sirdī, augļus nesdami ar pacietību." Citiem vārdiem sakot, cilvēki ar labām sirdīm līdzīgi labai zemei, viņi var parādīt pacietību līdz tam laikam, kamēr nepienesīs labu augli.

Tomēr mums vēl aizvien jāparāda izturība un jāpieliek pūles pie tā, lai izmainītu savas sirdis, pārveršot tās labā augsnē. Svētums nevar tikt sasniegts automātiski, tikai pēc mūsu vēlēšanās. Mums jāmācās būt paklausīgiem patiesībā, karsti lūdzoties un gavējot no visas sirds. Mums jāatsakās no tā, kas kādreiz mums patika un jāatmet viss, kas nenes garīgu labumu. Mums nav jāapstājas pusceļā vai jāatsakās no savām pūlēm, izdarot pāris mēģinājumus. Līdz tam laikam kamēr mēs nesasniegsim uzstādīto mērķi, mums jācenšas darīt visu, atceroties par paškontroli un rīkojoties pēc

Dieva Vārda.

Mūsu ticības gaitas uzstādītais galapunkts ir Debesu Valstība, un tieši, pati brīnišķīgākā mājvieta – Jaunā Jeruzaleme. Mums jāturpina virzīties šajā virzienā, pieliekot pūles un parādot pacietību, kamēr nesasniegsim nozīmēto vietu.

Tomēr reizēm mēs redzam piemērus tam, kā ļaudis sākuši dzīvot kristīgu dzīvi, kavējas ar savas sirds svētdarīšanu.

Viņi ātri atmet no sevis „miesas darbus", tādēļ ka šie grēki acīmredzami un saskatāmi. Bet, tā kā „miesas nodomi" nav saredzami no ārpuses, tad no tiem viņi atbrīvojas daudz lēnāk. Atklājot sevī nepatiesību, viņi pastiprināti lūdzas, lai no tās attīrītos, tomēr jau pēc dažām dienām viņi par to aizmirst. Ja jūs gribat pilnībā iznīdēt nezāles, tad nesāksiet vienkārši noraut lapas, bet izrausiet tās kopā ar saknēm. Tāds pats princips piemērojam arī pret grēcīgo būtību.

Kad es tikko biju sācis ticēt, es sāku lūgties par to, lai attīrītos no konkrētiem grēkiem, no ienaida, aizkaitinātības un augstprātības, tādēļ ka, lasot Bībeli, sapratu, cik stipri Dievs neieredz šīs grēcīgās īpašības. Kamēr es ietiepīgi turējos pie saviem egocentriskajiem uzskatiem, es nevarēju attīrīt savu sirdi no neieredzēšanas un naidīguma. Taču Dievs caur lūgšanu deva man labvēlību, un es sāku saprast citus, paskatoties uz lietām no viņu skatu punkta. Un tad visāda nepatika un naidīgums pret viņiem vienkārši pazuda.

Es iemācījos būt pacietīgs, atbrīvojies no naidīguma. Situācijā, kad mani nepelnīti apvaino, es sāku pie sevis skaitīt: „Viens, divi, trīs, četri..." – un apvaldīju vārdus, kurus man gribējās teikt. Iesākumā man bija grūti savaldīt savu dabu, bet es ļoti centos savaldīties un pakāpeniski aizkaitinājums pārgāja. Un rezultātā, pat pašās satraucošākās un provokatīvākās situācijās manī nebija nekā tāda, kas izpaustos aizkaitinājuma veidā.

Es domāju, ka man bija vajadzīgi trīs gadi, lai atmestu savu augstprātību. Kad es tikko sāku ticēt, es pat nesapratu, kas tas tāds-augstprātība, bet es lūdzos, lai atbrīvotos no tās. Es visu laiku sevi lūgšanas laikā pārbaudīju. Rezultātā es sāku ar cieņu un pieklājību izturēties pret cilvēkiem, kuri daudzos aspektos atpaliek no manis. Vēlāk ar tādu pat attieksmi es sāku kalpot citiem mācītājiem, neatkarīgi no tā, vai viņi bija līderu pozīcijās vai viņi tikai nesen saņēmuši roku uzlikšanu. Pacietīgi lūdzoties trīs gadu laikā es sajutu, ka manī nav nekādu augstprātības pazīmju un no tā laika man vairāk nenācās lūgties par atbrīvošanu no augstprātības.

Ja jūs līdz ar saknēm neiznīdēsiet grēcīgo dabu, tad ekstremālā situācijā grēcīgās īpašības noteikti atklāsies. Jūs varat satraukties, uzzinot, ka jūsu sirdī vēl aizvien ir netaisnības pēdas, kaut gan jūs domājat, ka jau esat tās uzvarējis. Un jūs varat justies vīlies, pie tam domājot: „Es tā centos no tām atbrīvoties, bet tās vēl joprojām ir manī."

Nepatiesība var atklāties jūsos dažādās formās līdz tam laikam, kamēr nebūs likvidēta sākotnējā grēcīgās dabas sakne, bet tas nenozīmē, ka jums nav nekāda garīga progresa. Kad jūs tīrāt nost sīpola mizu, tad zem vienas mizas kārtas atklājas vēl arī citas kārtas. Bet, ja jūs neapstājoties turpināt sīpolu tīrīt, tad, agri vai vēlu sīpola miza pazudīs. Tas pats notiek arī ar grēcīgo dabu. Jums nav jābūt apbēdinātiem tikai par to, ka nevarat pilnībā no tās atbrīvoties. Jums jābūt pacietīgiem un, ja vajadzēs, jāpielikt vēl vairāk pūļu, gaidot pārmaiņas un redzot sevi maināmies.

Daži cilvēki jūtas vīlušies, ja rīkojoties pēc Dieva Vārda, nesaņem materiālas svētības tūlīt pat. Viņiem liekas, ka, lai arī viņi dara labus darbus, pretī neko nesaņem, izņemot zaudējumus. Gadās, ka ļaudis pat žēlojas par to, ka viņi centīgi apmeklē baznīcu, bet svētības neredz. Bet, protams, nepavisam nav iemeslu, lai žēlotos. Viņi nesaņem svētības no Dieva tādēļ, ka vēl aizvien dara nepatiesību un nav atmetuši to, ko Dievs viņiem liek atmest.

Tas fakts, ka viņi žēlojas, pierāda, ka viņu ticības fokuss novirzījies. Jūs nekad nenogursiet, ja ar ticību darāt darbus, kas piepildīti ar labprātību un patiesību. Jo vairāk labprātības jūsu darbos, jo vairāk jūsos prieka un tādēļ jūs alksiet piepildīties ar labo vēl vairāk. Ja jūs, lūk, tā esat apgaismoti ar ticību, tad būsiet veseli un veiksmīgi visā.

Otrkārt, tā pacietība, kas raksturīga ļaudīm.

Ļaužu sabiedrībā ar dažādiem raksturiem un izglītības līmeni var rasties arī dažādas situācijas. Tāpat, draudzē – tā ir vieta, kur pulcējas visdažādāko sabiedrības slāņu pārstāvji. Tā ka jums var izcelties nesaskaņas kā par pašiem vienkāršākajiem, tā arī par nopietniem jautājumiem, un tādēļ var tikt izjaukts miers.

Šajā gadījumā ļaudis parasti saka: „Viņa domāšanas veids pilnībā atšķiras no manējā. Man ļoti grūti ar viņu strādāt, tādēļ ka mums ir ļoti atšķirīgi raksturi." Taču vai gan daudzus vīrus un sievas var uzskatīt par pāriem ar ideāli saskanīgiem raksturiem? Viņiem var būt dažādi dzīves paradumi un gaumes, bet viņi cenšas piekāpties cits citam, un pielāgojas viens otram.

Tie, kas vēlas kļūt svētdarīti, būs pacietīgi pie jebkuriem

apstākļiem un ar jebkuru cilvēku, lai saglabātu mieru. Pat grūtās un nekomfortablās situācijās viņi pacentīsies pielāgoties cits citam. Viņi vienmēr ar laipnām sirdīm un izpratni attieksies pret citiem, parādīs pret tiem pacietību un rūpēsies par viņu interesēm. Viņi pacietīgi pat pret tiem, kuri rīkojas tiem par sliktu.

Uz ļaunu tie atbild ne ar ļaunu, bet tikai ar labu.

Mums jābūt pacietīgiem, kad evaņģelizējam vai rādām ceļu dvēselēm, un tad kad apmācām draudzes kalpotājus, kā sasniegt Debesu Valstību. Vadot mācītāja kalpošanu, es redzu, cik ļoti lēni mainās daži cilvēki. Ja viņi draudzējas ar pasauli un dara negodu Dievam, es bēdājos par to, raudu, bet rokas nenolaižu. Es vienmēr pacietīgi izturos pret viņiem, ar cerību uz to, ka pienāks diena, kad viņi mainīsies.

Apmācot baznīcas kalpotājus, man jāparāda liela pacietība. Es nevaru vienkārši kontrolēt un piespiest viņiem darīt to, ko man gribas. Lai arī es zinu, ka viņi gausi darbā, es nevaru atņemt pienākumus draudzes darbiniekiem, sakot: „Jūs neesat pietiekami prasmīgi. Jūs esat atlaisti." Es vienkārši paciešu un apmācu viņus līdz tam laikam, kamēr viņi neiegūs nepieciešamās iemaņas. Es gaidu piecus, desmit un pat piecpadsmit gadus, kamēr viņi, pateicoties garīgai apmācībai, iemācīsies labi pildīt savus pienākumus.

Es esmu pacietīgs ar viņiem, lai viņi neatkāptos ne tikai tad, kad tie nenes augļus, bet arī tad, kad viņi kļūdās. Būtu daudz vienkāršāk, ja cits cilvēks, daudz spējīgāks, vienkārši viņu vietā to darbu izdarītu, vai vienkārši samainīt viņu ar kādu citu, prasmīgāku. Taču katras dvēseles dēļ, es ciešu līdz galam, lai viņi spētu sasniegt Debesu Valstību.

Ja jūs, lūk tā, sējat pacietības sēklas, tad saskaņā ar Dieva taisnību, jūs noteikti pienesīsiet augli. Piemēram, ja jūs parādīsiet pacietību pret dvēselēm līdz tam laikam, kamēr jūsu sirds robežas paplašināsies, un jūs varēsiet aptvert visus. Un tad jūs iegūsiet varu un spēku, lai atmodinātu daudzas dvēseles. Un vēl: ja jūs vadāt savu sirdi un sējat pacietības sēklas, tad, pat, ja jūs sadursieties ar melīgiem apvainojumiem, Dievs ļaus jums ievākt svētību augli.

Treškārt, tā ir pacietība attiecībās ar Dievu.

Runa iet par pacietību, kura jums jāparāda līdz tam laikam, kamēr jūs nesaņemsiet atbildi uz savām lūgšanām. Marka Evaņģēlijā 11:24, teikts: „Tāpēc Es jums saku: Visu, ko jūs lūgdami lūgsiet, ticiet, ka jūs dabūsiet, tad tas jums notiks."

Mēs varam ticēt katram vārdam no sešdesmit sešām Bībeles grāmatām, ja mums ir ticība. Dievs apsola, ka mēs saņemsim to, par ko lūdzam, tā ka lūdzoties, mēs varam visu sasniegt.

Bet, protams, tas nenozīmē ka mums vienkārši jālūdzas un pie tam nav nekā jādara. Mums jāpielieto Dieva Vārds praksē, lai saņemtu atbildi. Piemēram, skolnieks, kurš saņem vidējas balles, lūdzas par to, lai kļūtu par labāko skolēnu klasē. Bet stundās, tā vietā, lai mācītos, viņš sēž un par kaut ko sapņo. Vai gan viņš spēs kļūt par labāko klasē? Pastiprināti lūdzoties viņam arī pie tam centīgi jāmācās, lai Dievs palīdzētu viņam kļūt par labāko skolēnu savā klasē.

Tas pats attiecas arī uz biznesa vadību. Jūs patiesi lūdzaties par jūsu biznesa uzplaukumu, taču jūsu mērķis – iegūt vēl vienu māju, investēt naudu nekustamajā īpašumā un nopirkt greznu automašīnu. Vai jūs saņemsiet atbildi uz savu lūgšanu? Protams, ka Dievs vēlas, lai Viņa bērniem būtu dzīve pārpilnībā, bet Dievs neatbalsta lūgšanas, kuras tiek lūgtas aiz alkatības. Bet ja jūs gribat saņemt svētības, lai palīdzētu trūcīgajiem vai atbalstītu misijas darbu, un ja jūs ejat pa pareizu ceļu, nedarot neko pretlikumīgu, tad Dievs, protams, virzīs jūs pa svētību ceļu.

Bībelē tam var atrast daudz apstiprinājumu, ka Dievs atbildēs uz Savu bērnu lūgšanām. Bet daudzos gadījumos ļaudis nesaņem atbildes, tādēļ ka viņi nepietiekoši pacietīgi. Cilvēki prasa, lai atbilde nāk nekavējoši, bet Dievs var atbildēt ne uzreiz.

Dievs viņiem atbildēs pašā piemērotākajā un labākajā laikā, tādēļ ka Viņš zina visu. Ja viņi lūdzas par kaut ko lielu un svarīgu, tad Dievs var atbildēt tikai tad, kad sakrāsies pietiekams skaits lūgšanu. Kad Daniels lūdzās, lai saņemtu atklāsmi par garīgām lietām, Dievs sūtīja Savu eņģeli, lai atbildētu uz šo lūgšanu, tūlīt pat pēc tā, kad Daniels par to sāka lūgties. Taču pagāja divdesmit viena diena, pirms Daniels satikās ar eņģeli. Divdesmit vienas dienas laikā Daniels turpināja lūgties ar patiesu sirdi, tādu pat kā pašas lūgšanas sākumā. Ja mēs patiešām ticam, ka mums jau dots tas, par ko prasām, - sagaidīt, kad šī diena pienāks, nebūs grūti. Mēs sāksim domāt tikai par prieku, kuru iegūsim, kad visas mūsu problēmas būs pilnībā atrisinātas.

Daži ticīgie nevar sagaidīt to laiku, kad viņi saņems to, par ko prasa lūgšanā. Viņi var lūgties, un gavēt prasot Dievam, bet, ja atbilde nepienāk pietiekoši ātri, tad viņi padodas, domājot, ka Dievs netaisās viņiem atbildēt.

Ja mēs pa īstam ticam un lūdzamies, nesāksim justies vīlušies un padoties. Mēs nezinām, kad pienāks atbilde - rīt, šovakar, pēc nākamās lūgšanas vai pēc gada. Dievs zina vislabāko laiku priekš tā, lai dotu mums atbildi. Jēkaba vēstulē 1:6-8, teikts: „Bet, lai viņš lūdz ticībā, nemaz nešaubīdamies, jo kas šaubās, līdzinās vēja dzītam un mētātam jūras vilnim. Jo tāds cilvēks, vīrs ar dalītu dvēseli, nepatstāvīgs visos savos ceļos, lai nedomā, ka viņš no Kunga ko saņems."

Vienīgais, svarīgi tas, cik stipri mēs ticam, kad lūdzamies. Ja mēs patiešām ticam, ka jau esam saņēmuši atbildes, tad mēs būsim laimīgi un priecīgi pie jebkuriem apstākļiem. Ja mums ir ticība, kas pietiekoša, lai saņemtu atbildi, mēs lūgsimies un darbosimies ar ticību līdz tam laikam, kamēr auglis nebūs iedots mūsu rokās. Vēl vairāk, kad mēs ejam cauri sirdssāpēm vai vajāšanām, tad strādājot priekš Dieva, mēs varam pienest labprātības augli, tikai pateicoties savai pacietībai.

Ticības tēvu pacietība.

Kad skrien maratona distanci, var rasties grūti momenti. Bet prieks par pārvarēto distanci, neskatoties uz šiem grūtajiem brīžiem, tik liels, ka tikai tie, kas to jau piedzīvojuši, var to novērtēt. Dieva bērni, kuri iet savu ticības ceļu, arī laiku pa laikam saduras ar grūtībām, taču viņi var visu pārvarēt, lūkojoties uz Jēzu Kristu. Dievs dos viņiem Savu labvēlību un spēku, un Svētais Gars viņiem visā palīdzēs. Vēstulē Ebrejiem 12:1-2, teikts: „Tāpēc tad arī, kur ap mums visapkārt tik liels pulks liecinieku, dosimies ar pacietību mums noliktajās sacīkstēs, nolikdami visu smagumu un grēku, kas ap mums tinas. Un raudzīsimies uz Jēzu, ticības iesācēju un piepildītāju, kas viņam sagaidāmā prieka vietā krustu ir pacietis, par kaunu nebēdādams, un ir nosēdies Dieva tronim pa labai rokai."

Līdz tam laikam, kamēr Jēzus nebija izpildījis glābšanas providenci, Viņš cieta, paciešot nicinājumu un izsmieklu no Saviem paša radījumiem. Bet, tā kā Viņš zināja, ka Viņš sēdēs Dieva tronim labajā pusē un cilvēcei būs dota glābšana, Viņš izcieta visu līdz beigām, nedomājot par fiziskajām ciešanām. Rezultātā, Viņš nomira pie krusta, paņemot uz sevi visus cilvēces grēkus, bet Viņš cēlās augšā trešajā dienā, lai atvērtu ceļu uz glābšanu. Dievs apstiprināja Jēzu par ķēniņu Ķēniņu un kungu Kungu, jo Viņš paklausīja līdz nāvei ar mīlestību un ticību.

Jēkabs, Ābrahāma mazdēls, kļuva par Izraēla tautas tēvu. Viņam bija izturīga sirds. Viņš piemānot savu brāli Ēzavu, atņēma viņam pirmdzimtību un aizbēga uz Kānaānu. Bēršebā Dievs apsolīja viņam, par ko teikts 1. Mozus grāmatā (28:13-15): „Un redzi, Tas Kungs stāvēja augšgalā un sacīja: „Es esmu Tas Kungs, Tava tēva Ābrahāma Dievs un Īzaka Dievs! To zemi, uz kuras tu guli Es došu tev un taviem pēcnācējiem. Un tavi pēcnācēji būs kā zemes pīšļi un tie izpletīsies uz rietumiem un austrumiem, uz ziemeļiem un dienvidiem, un tevī un tavos pēcnācējos visas zemes tautas būs svētītas. Un redzi, Es esmu ar tevi; un Es tevi pasargāšu it visur, kur tu ej, un Es likšu tev atgriezties, šinī zemē, jo Es tevi neatstāšu, līdz kamēr izdarīšu, ko Es esmu tev sacījis." Un Jēkabs, pārdzīvojis divdesmit pārbaudījumu gadus, rezultātā beigās kļuva par Izraēliešu tēvu.

Jāzeps – vienpadsmitais Jēkaba dēls bija pats iemīļotākais starp visiem viņa brāļiem. Bet kādu reizi viņa paša brāļi pārdeva viņu verdzībā uz Ēģipti. Taču kļūstot par vergu svešā zemē, viņš nekrita izmisumā. Viņš centīgi darīja savu darbu, un saimnieks novērtēja viņa uzticamību. Viņa stāvoklis uzlabojās no tā laika, kad viņš kļuva par sava saimnieka mājas pārvaldnieku, bet Viņš bija nepelnīti apsūdzēts un ielikts cietumā. Viens pārbaudījums sekoja citam.

Un protams, katrs solis bija Dieva labvēlība, process viņa sagatavošanai tam, lai kļūtu par Ēģiptes premjerministru. Bet neviens par to nezināja, izņemot Pašu Dievu. Jāzeps nekrita izmisumā pat sēžot cietumā, tāpēc ka viņš ticēja apsolījumam, kuru Dievs viņam bija devis bērnībā. Viņš ticēja tam, ka Dievs piepildīs viņa sapni, kurā saule, mēness un vienpadsmit zvaigznes debesīs klanījās viņam, un tādēļ viņš nešaubījās ne pie kādiem apstākļiem. Viņš pilnībā uzticējās Dievam un visu pārcieta, sekojot Dieva Vārdam. Viņa ticība bija patiesa ticība.

Kā būtu, ja arī jūs nokļūtu tādā pat situācijā? Vai jūs varat iedomāties, ko viņš juta visus šos 13 gadus, kas bija pagājuši no tā laika, kad viņš bija pārdots verdzībā? Jūs laikam, pastiprināti lūgtos Dievu, izvest jūs no tās situācijas. Jūs visdrīzāk sāktu pārbaudīt sevi un nožēlot visus grēkus, ko spētu atcerēties, lai saņemtu atbildi no Dieva. Ar daudzām asarām un vārdiem jūs sāktu prasīt Dieva labvēlību. Un kā, ja atbilde nebūtu pēc gada, diviem, trim un pat pēc desmit gadiem un pie tam vēl, jūsu situācija vēl vairāk sarežģītos, kā gan jūs tad justos?

Viņš bija ieslodzīts cietumā, tie bija paši aktīvākie viņa dzīves gadi un, redzot, cik bezjēdzīgi aiziet viņa dzīves gadi, viņš varētu sajusties nelaimīgs, ja viņam nebūtu viņa ticības. Ja viņš atcerētos to cik labi bija viņam dzīvot tēva mājās, tad viņš sajustos vēl nelaimīgāks. Bet Jāzeps vienmēr uzticējās Dievam, Kurš uzmanīja viņu un stingi ticēja Dieva mīlestībai, Kurš dod to visu labāko pareizajā laikā. Viņš nekad nezaudēja cerību un pat pašos grūtākajos pārbaudījumos darbojās ar ticību un labestību; un viņš pārcieta visu līdz beigām, kamēr nepiepildījās viņa sapnis.

Pats Dievs atzina Dāvidu par vīru pēc Savas sirds. Bet, pat pēc tam, kad viņš bija svaidīts kļūt par nākamo ķēniņu, viņam nācās iziet caur daudziem pārbaudījumiem, tajā skaitā bēgt no ķēniņa Saula vajāšanām. Daudz reižu viņš bija uz bojāejas robežas. Bet viņš pacieta visas šīs grūtības ar ticību un kļuva par brīnišķīgu ķēniņu, kas spēja pārvaldīt visu Izraēlu. Jēkaba vēstulē 1:3-4, teikts: „Zinādami, ka jūsu ticības pārbaudīšana sagādā izturību. Bet izturība, lai parādās darbā līdz galam, ka jūs būtu pilnīgi caurcaurim, un jums nebūtu nekāda trūkuma.

Es aicinu jūs uzaudzēt sevī pilnīgu pacietību. Šī pacietība pavairos jūsu ticību, padziļinās un paplašinās jūsu sirdi, darot to nobriedušāku. Un jūs saņemsiet svētības un atbildes no Dieva, kuras Viņš apsolījis, ja iegūsiet pacietības pilnību. (Vēst. Ebrejiem 10:36).

Pacietība, kas vajadzīga, lai ieietu Debesu Valstībā.

Pacietība mums vajadzīga tāpat arī, lai ieietu Debesu Valstībā. Kāds saka, ka baudīs pasaules priekus, kamēr viņš jauns, bet, kad paliks vecs, tad ies uz baznīcu. Kādi ļaudis dzīvo, parādot centību ticībā un ar cerību uz drīzu Kunga atnākšanu, taču vēlāk zaudē pacietību un domā jau pavisam citādāk. Tā kā Kungs neatgriežas tik ātri, kā viņi to gaidīja, tad tiem liekās, turpināt centību ticībā –

pārāk grūts uzdevums. Viņi saka, ka izdarīs pārtraukumu sirds apgraizīšanā un darbā priekš Dieva, bet kad būs pārliecināti par to, ka ir pazīmes par Kunga atnākšanu, sāks parādīt vairāk centības.

Taču neviens nezina, kad Dievs atsauks mūsu garu vai, kad Kungs atnāks. Bet, pat ja arī mēs iepriekš zinātu par to, mēs nevarētu būt ar tādu daudzumu ticības, cik mums gribētos. Ļaudis nevar iegūt garīgo ticību, lai saņemtu glābšanu, tikai tādēļ, ka viņiem to sagribas. Tā tiek dota aiz Dieva žēlastības. Ienaidnieks, velns un sātans, neļaus viņiem tik viegli saņemt glābšanu. Vēl vairāk, ja jums ir cerība ieiet Jaunajā Debesu Jeruzalemē, tad jums viss jādara, parādot pacietību. Psalmos 126:5-6, mums teikts: „Kas ar asarām sēj, tie ar gavilēm pļaus. Tie aiziet un raud, dārgu sēklu nesdami, bet tiešām ar prieku tie atkal nāks un nesīs savus kūlīšus."

Kad mēs sējam sēklas un tās audzējam, mums tam noteikti jāvelta kādas pūles, un reizēm mēs to darām ar asarām un nopūtām. Gadās, ka nelīst lietus, kaut gan tas ļoti nepieciešams, vai sākas spēcīga vētra un nokrišņi nes bojājumus sējumiem. Bet visa tā rezultātā jūs noteikti priecāsieties par ražas pārbagātību, atbilstoši taisnīguma likumam.

Dievs gaida tūkstoš gadus, tā Viņam kā viena diena, lai iegūtu sev īstus bērnus; Viņš pārcietis sāpes, atdodot Savu vienīgo Vienpiedzimušo Dēlu par mums. Kungs izturēja visas ciešanas pie krusta, un cilvēces veidošanas gaitā Svētais Gars aizlūdz par mums ar bezvārdu nopūtām. Es ceru, ka jūs izveidosiet sevī pilnīgu garīgo pacietību, atceroties par Dieva mīlestību, lai jums būtu svētības augļi gan uz zemes, gan Debesīs.

Pret tādām lietām nav bauslības

JLūkas, 6:3

„Tāpēc esiet žēlīgi, kā jūsu Tēvs ir žēlīgs,"

6. nodaļa

Laipnība

Saprast un piedot citiem, pienest laipnības augli
Būt ar Kunga sirdi un darīt darbus, kurus Viņš darīja
Atteikties no aizspriedumiem, lai kļūtu laipnīgs
Laipnība attiecībā pret tiem, kam ir grūtības
Nesteidzaties uzsvērt citu trūkumus
Būt augstsirdīgam attieksmē pret visiem
Cienīt citus

Laipnība

Reizēm ļaudis runā, ka, lai kā viņi necenstos, viņi nevar saprast šo cilvēku vai ka, ar visu savu cenšanos, viņi nevar kādam piedot. Bet, ja mēs pienesam laipnības augli savā sirdī, tad tādu cilvēku, kurus mēs nevaram saprast vai kuriem nevaram piedot jau vairāk nebūs. Mēs spēsim saprast un pieņemt katru, parādīt pret viņu labvēlību un mīlestību. mēs nerunāsim, ka lūk, šis cilvēks mums patīk, bet lūk tas mums nepatīk, pie tam nosaucot iemeslu. Mums nebūs sliktu attiecību vai aizvainojuma, nerunājot jau par naidīgumu attiecībā pret kādu, lai kas tas būtu.

Saprast un piedot citiem, lai pienestu laipnības augli.

Laipnība – tas ir tas, ko ļaudis dara labprātīgi, nesavtīgi. Taču laipnība garīgā nozīmē tuvāka žēlsirdībai. Un būt žēlsirdīgam garīgā šī vārda nozīmē, - nozīmē saprast īstenībā pat tos, ko cilvēciski saprast praktiski neiespējami. Un vēl – tas nozīmē būt ar sirdi, kas spējīga piedot patiesībā tiem, kam ļaudis parasti nepiedod. Dievs attiecas pret cilvēci ar žēlsirdīgu sirdi, tas ir parāda pret viņiem žēlastību. Psalmos 130:3, teikts: „Ja tu, KUNGS, gribi noziegumus pielīdzināt, kas gan, ak KUNGS, lai pastāv!"

Tas nozīmē, ja Dievs nebūtu žēlsirdīgs un sodītu mūs pēc taisnīguma, tad neviens nevarētu Dieva priekšā pastāvēt. Taču Dievs piedod un pieņem pat tos, kuriem piedot un, kurus pieņemt neiespējami, ja viņus stingri tiesātu. Bez tam, Dievs upurēja Sava Vienpiedzimušā Dēla dzīvību, lai izglābtu ļaudis no mūžīgas nāves. Un, tā kā mēs esam kļuvuši par Dieva bērniem, noticot

Kungam, tad Dievs vēlas, lai mēs kultivētu savā sirdī žēlsirdību. Tādēļ Lūkas Evaņģēlijā 6:36, Dievs mums saka: „Tāpēc esiet žēlīgi, kā jūsu Tēvs ir žēlīgs."

Tāda žēlsirdība līdzīga mīlestībai, bet tai ir arī savas īpatnības. Garīgā mīlestība – tā ir spēja ziedot sevi dēļ citiem, neprasot neko pretī, tad kad žēlsirdība – tā ir māka piedot un saprast. Tas ir, būt žēlsirdīgam – nozīmē pilnībā pieņemt cilvēku tādu, kāds viņš ir, neatraidīt un neparādīt pret viņu nepatiku, pat ja viņš ir pavisam mīlestības necienīgs. Šajā gadījumā jūs ne tikai nesāksiet neieredzēt vai izvairīties no kāda tikai tādēļ, ka viņa viedoklis atšķiras no jūsējā, bet jūs arī uzmundrināsiet un mierināsiet viņu. Ja jums maiga sirds, spējīga citus pieņemt, tad jūs nesāksiet nostādīt apskatei viņu trūkumus un kļūdas. Jūs visu pārklāsiet ar mīlestību, sapratīsiet un pieņemsiet viņus, un tad attiecības starp jums būs brīnišķīgas.

Pazīstama situācija, kura īpaši uzskatāmi parādīja, ko nozīmē – būt žēlsirdīgam. Kādreiz Jēzus visu nakti lūdzās uz Ģetzemanes kalna, bet no rīta aizgāja uz templi. Daudz ļaužu sapulcējās apkārt Viņam, un tajā brīdī, kad Viņš sludināja Dieva Vārdu, radās satraukums. Pūļa vidū bija farizeji un rakstu mācītāji, kuri atveda pie Jēzus sievieti. Viņa drebēja no šausmām.

Šī sieviete bija piekerta laulības pārkāpšanā, un tie Viņam prasīja, ko ar viņu darīt, jo Bauslība mācīja tādu sievieti nomētāt ar akmeņiem. Ja Jēzus teiktu, lai viņi to nomētā ar akmeņiem, tad tas neatbilstu tam, ko Viņš mācīja: „Mīliet savus ienaidniekus." Bet, ja viņš teiktu, ka jāpiedod viņai, tad tas būtu Bauslības pārkāpšana. Izskatījās, ka Jēzus nokļuvis diezgan grūtā situācijā. Bet pa to laiku, Jēzus vienkārši kaut ko rakstīja uz zemes un, kā mēs lasām Jāņa

Evaņģēlijā 8:7, teica: „... kas no jums ir bez grēka, tas lai pirmais met akmeni uz viņu."

Ļaudis sāka mocīt sirdsapziņa, un viņi sāka pa vienam izklīst. Un rezultātā palika tikai Jēzus un šī sieviete. Jāņa Evaņģēlijā 8:11, Jēzus teica viņai: „... arī Es tevi nepazudinu; ej un negrēko vairs!"

Pasakot „Es tevi nepazudinu", Viņš ar to domāja, ka Viņš piedevis viņai. Jēzus piedeva sievietei, kurai nedrīkstēja piedot, un deva viņai iespēju novērsties no grēkiem. Tāda ir žēlsirdīga sirds.

Būt ar Kunga sirdi un darīt darbus, kurus Viņš darīja.

Žēlsirdība – tā ir spēja piedot un mīlēt pat savus ienaidniekus. Kā māte rūpējas par savu jaundzimušo bērnu, tā arī mēs sāksim pieņemt un saprast katru cilvēku. Un pat pret tiem ļaudīm, kuri nopietni nogrēkojušies vai izdarījuši nāves grēkus, mēs, visdrīzāk, parādīsim žēlsirdību, nekā sāksim nosodīt viņus. Mēs neieredzēsim grēkus, bet ne grēcinieku, centīsimies saprast šo cilvēku un palīdzēt viņam iegūt dzīvību.

Iedomājieties bērnu ar ļoti vāju veselību, kurš bieži slimo. Kā gan māte attiektos pret tādu bērnu? Viņa nesāktu apspriest to, kāpēc bērns tāds piedzimis, un rada viņai tik daudz grūtības. Viņai nebūtu naida pret bērnu tikai tādēļ, ka viņš nevesels. Un vēl, pret viņu māte izjustu vairāk mīlestības un līdzcietības nekā pret spēcīgākiem un veselākiem bērniem.

Vienai mātei dēls cieta no garīgas atpalicības. Tajā laikā, kad viņam piepildījās divdesmit gadi, pēc intelekta attīstības līmeņa viņš bija kā divgadīgs bērns, un māte nenolaida no viņa acis. Un tomēr viņa nekad nežēlojās par to, ka viņai grūti rūpēties par dēlu. Viņa vienkārši juta līdzi un līdzcietībā rūpējās par viņu. Pienesot, lūk, tādu pilnvērtīgu žēlsirdības augli, mēs būsim žēlsirdīgi ne tikai pret pašu bērniem, bet arī pret katru cilvēku.

Jēzus sludināja Debesu Valstības Evaņģēliju savas sabiedriskās kalpošanas laikā. Viņa galvenā auditorija bija nevis bagāti un ietekmīgi ļaudis, bet nabadzīgi, atstumti ļaudis, tie, kurus uzskatīja par grēciniekiem, tajā skaitā tur bija nodokļu iekasētāji un netikles.

No šīs auditorijas viņš arī izvēlējās Sev mācekļus. Kāds var padomāt, ka būtu bijis gudrāk izvēlēties sev mācekļus no tiem, kam labi pazīstami Dieva Baušļi, tādēļ ka tad viņus būtu vieglāk apmācīt par Dieva Vārdu. Tomēr Jēzus neizvēlējās tādus ļaudis. Viņš izvēlējās sev par mācekļiem Mateju – nodokļu ievācēju, zvejniekus Pēteri, Andreju, Jēkabu un Jāni.

Jēzus varēja izdziedināt visdažādākās slimības. Kādu reizi Viņš dziedināja cilvēku, kurš, būdams slims trīsdesmit astoņus gadus, gaidīja, ūdens sakustēšanos Betezdas dīķī. Viņš dzīvoja, ciešot sāpes un esot bez jebkādas cerības dzīvē, bet neviens nepievērsa viņam uzmanību. Taču Jēzus, pieejot pie viņa un jautājot: "Vai tu gribi vesels kļūt?" - dziedināja viņu.

Jēzus tāpat dziedināja sievieti, kas cieta no asins tecēšanas divpadsmit gadus. Viņš atvēra acis Bartimejam, aklam nabagam (Mateja 9:20-21, Marka 10:46-52). Pa ceļam uz pilsētu, kas saucās Naine, Viņš ieraudzīja atraitni, kurai bija nomiris vienīgais dēls. Viņš iežēlojās par to, un augšāmcēla viņas mirušo dēlu (Lūkas 7:11-15). Un vēl, Viņš rūpējās par apspiestajiem. Viņš kļuva atstumto draugs, tajā skaitā arī muitnieku un grēcinieku.

Kādi ļaudis Viņu par to kritizēja sakot: „... Kāpēc jūsu mācītājs ēd kopā ar muitniekiem un grēciniekiem?" (Mateja 9:11).

Bet Jēzus to dzirdējis, teica: „... Ne veseliem vajag ārstu, bet slimiem, bet jūs ejat un mācieties, ko tas nozīmē: Man patīk žēlastība un ne upuris, jo Es neesmu nācis aicināt taisnos, bet grēciniekus," (Mateja 9:12-13).

Viņš mācīja mūs līdzi just un būt žēlsirdīgiem pret grēciniekiem un slimiem. Jēzus atnāca ne tikai bagāto un taisno dēļ, bet grēcinieku dēļ. Mēs spēsim ātrāk pienest žēlsirdības augli cenšoties līdzināties Jēzus sirdij un darbiem. Bet tagad, dziļāk izpētīsim jautājumu: kas tieši mums jādara, lai pienestu laipnības augli?

Atteikties no aizspriedumiem, lai kļūtu žēlsirdīgs.

Pasaules ļaudis bieži spriež par citiem pēc to ārējā izskata. Viņu attieksme pret apkārtējiem mainās atkarībā no tā, cik šie cilvēki bagāti vai ievērojami. Dieva bērniem nav jāspriež par citiem pēc to āriencs un jāmaina sava labvēlīgā attieksme pret ļaudīm, novērtējot tos pēc tā, kā viņi izskatās. Pat mazus bērnus, kuri par mums jaunāki, mums jāuzskata par labākiem nekā mēs un jākalpo viņiem ar Kunga sirdi.

Jēkaba vēstulē 2:1-4, teikts: „Mani brāļi, lai mūsu godības Kunga Jēzus Kristus ticība jums nesaistās ar cilvēka stāvokļa uzlūkošanu. Jo ja jūsu sapulcē ienāktu zeltpirkstais vīrs greznā tērpā, bet ienāktu arī nabags netīrā tērpā, bet jūs uzlūkotu to, kas valkā grezno tērpu, un sacītu: „Tu nosēdies labi ērti šeit!" Bet nabagam sacītu: „Tu stāvi vai sēdi tur pie manu kāju pamesla." Vai jūs nebūtu nākuši nesaskaņā paši ar sevi un nebūtu izrādījušies par ļaundomīgiem spriedējiem?"

Un tāpat 1. Pētera vēstulē 1:17, teikts: „Un, kad jūs to piesaucat kā Tēvu, kas cilvēka stāvokli neievērodams spriež tiesu pēc ikkatra darba, tad pavadāt bijībā savas svešniecības laiku."

Ja mēs pienesam žēlsirdības augli, tad mēs nesāksim tiesāt citus pēc viņu ārējā izskata. Mums tāpat jāpārbauda: vai mums nav aizspriedumu vai iepriekšējas apzinātas labvēlības pret kādu – kaut vai garīgajā plānā? Jo ir ļaudis, kuriem grūti padodas garīgu lietu izprašana. Bet kādi neprot uzvesties, tādēļ runā vai dara to, kas nav piemērots situācijai. Sastopami arī tāpat cilvēki, kuru darbi neatbilst uzvedības noteikumiem, kurus noteicis Kungs.

Vai jūs netopat sarūgtināti, kad satiekaties vai kontaktējaties ar tādiem ļaudīm? Vai jūs nelūkojaties uz viņiem no augšas un vai jums nav vēlēšanās izvairīties no kontaktēšanās ar viņiem? Vai jums gadījies samulsināt citus ar saviem rupjajiem izteicieniem vai nepieklājīgo uzvedību?

Bez tam, kādi ļaudis tā runā un nosoda cilvēku, kas izdarījis grēku, it kā viņi sēdētu tiesneša krēslā. Kad sieviete, kura izdarīja laulības pārkāpumu, bija atvesta pie Jēzus, tad daudzi cilvēki rādīja uz viņu ar pirkstiem, nosodot viņu un notiesājot par tās izdarīto. Vienīgi Jēzus nenosodīja viņu, Viņš deva glābšanās iespēju. Ja jums ir tāda žēlsirdīga sirds, tad jūs jutīsiet līdzi tiem, kas notiesāti par grēkiem un cer, ka viņi pārvarēs savas problēmas.

Žēlsirdība attiecībā uz tiem, kuriem grūtības.

Ja mēs esam žēlsirdīgi, tad jūtot līdzi tiem, kam grūtības, mēs ar prieku viņiem palīdzēsim. Mēs nesāksim vienkārši žēlot viņus savā sirdī un tikai vārdos just līdzi viņiem: „Saņemies, esi stiprs!"

Mēs noteikti parādīsim viņiem kādu īstu palīdzību.
1 Jāņa vēstulē 3:17-18, teikts:
„Bet kam ir laicīga manta un viņš redz savu brāli ciešam trūkumu un aizslēdz viņam savu sirdi, kā gan Dieva mīlestība paliktu viņā? Bērniņi! Nemīlēsim vārdiem nedz ar mēli, bet ar darbiem un ar patiesību!"

Un vēl Jēkaba vēstulē 2:15-16, teikts: „Ja brālis vai māsa ir kaili un tiem trūkst dienišķās barības, bet kāds no jums viņiem teiktu: Ejiet ar mieru, sildieties un baudiet barību, bet nedotu viņiem to, kas miesai vajadzīgs, ko tas palīdz!"

Jums nav jāspriež sekojošā veidā: „Cik žēl, ka viņš ir badā, bet es īstenībā nevaru tur neko darīt, tādēļ ka man pašam tik tikko pietiek." Ja jums patiesi žēl, tad jūs varat padalīties ar savu ēdiena porciju vai vispār atdot viņam visu. Ja cilvēks domā, ka šobrīd palīdzēt citiem cilvēkiem viņam neļauj viņa pašreizējā situācija, tad maz ticams, ka viņš palīdzēs citiem, kļuvis bagāts.

Tas attiecas ne tikai uz materiālām lietām. Kad jūs redzat, ka kāds cieš no kādām nebūt problēmām, jums vajadzētu rasties vēlmei palīdzēt, dalīties ar cilvēku viņa sāpēs. Tāda ir žēlsirdība. Jums īpaši jārūpējas par tiem, kas iet uz elli, tādēļ ka viņi netic Kungam. Un jums jāpacenšas darīt visu, kas pievestu viņus pie glābšanas.

Centrālajā "Manmin" draudzē, no tās atvēršanas brīža, bija parādīti lieli Dieva spēka darbi. Bet es līdz pat šim laikam lūdzu pēc vēl lielāka spēka un veltu visu savu dzīvi tam, lai demonstrētu šo spēku. Bet viss tādēļ, ka es pats cietu no nabadzības, piedzīvoju sāpes, esot bez cerības uz atveseļošanos no slimībām. Kad es redzu cilvēkus, kuri cieš no tiem pašiem iemesliem, es izjūtu viņu sāpi kā pats savējo, un gribu viņiem palīdzēt, izdarot visu, ko tikai varu.

Man gribas atrisināt viņu problēmas un izglābt viņus no soda ellē, novirzot tos uz Debesīm. Tomēr vai gan es viens varu palīdzēt tik daudz cilvēkiem? Atbilde, kuru es saņēmu, atrodas Dieva spēkā. Pat, ja es nevarēšu atrisināt visas problēmas, kas saistītas ar nabadzību, slimībām un citām grūtībām, es varēšu palīdzēt viņiem satikt Dievu, lai viņi savā pieredzē piedzīvotu Viņa spēku.

Protams, ka parādīt spēku – nenozīmē pabeigt glābšanas procesu. Pat ja ļaudis, ieraugot spēka izpausmes, iegūs ticību, mums jāparūpējas par viņiem gan fiziskajā plānā, gan garīgajā plānā līdz tam laikam, kamēr viņi nenostiprināsies ticībā. Lūk, kāpēc es daru visu, lai sniegtu palīdzību trūcīgajiem pat tad, kad mūsu draudze pati piedzīvo finansiālas grūtības. Tas tiek darīts priekš tam, lai, viņiem būtu vairāk spēka viņu centienos aiziet līdz Debesīm. Sakāmvārdos 19:17, teikts: "Kas iežēlojas par nabago, aizdod naudu Tam Kungam, un – Tas viņam atmaksās par viņa labo sirdi."

Ja jūs rūpējaties par dvēselēm ar Kunga sirdi, tad Dievs patiešām atalgos jūs ar Savām svētībām.

Nesteidzieties uzsvērt citu trūkumus.

Ja mēs kādu mīlam, tad mēs reizēm dodam viņam padomus vai izsakām savus aizrādījumus. Ja vecāki vispār nesoda savus bērnus un vienmēr viņiem visu piedod tikai tādēļ, ka viņi tos mīl, tad ar to viņi tikai bojā savus bērnus. Taču, būdami žēlsirdīgi, mēs nevarēsim pārmest cilvēkiem vai pasvītrot viņu trūkumus. Dodot padomu, mēs pārdomāsim lūdzoties par cilvēku, rūpēsimies par viņa sirdi. Sakāmvārdos 12:18, teikts: „Kas paradis neapdomīgi runāt, nereti iedur kā ar zobenu, bet zinīga cilvēka valoda ir kā dziedinātājas zāles."

Mācītājiem un draudžu līderiem, tajā skaitā tiem, kas māca ticīgos, jāatceras šie vārdi. Jūs varat viegli pateikt: „Jūsu sirds piepildīta ar nepatiesību, un tas nepatīk Dievam. Jums ir tādi un tādi trūkumi, tādēļ jūs nevarat mīlēt ļaudis." Pat ja tas, ko jūs sakāt patiesība, bet jūs runājat par trūkumiem bez mīlestības, ar paštaisnības un egocentrisma jūtām, tad šie vārdi nav dzīvi daroši. Ļaudis nesāks sekot jūsu padomiem un nemainīsies; īstenībā jūs tikai izraisīsiet viņos vilšanos, ievainosiet viņu jūtas un tie paliks vēl vājāki.

Mēdz būt, ka kādi draudzes locekļi prasa man norādīt uz viņu trūkumiem, lai viņi, tos apzinoties varētu mainīties. Viņi saka, ka grib zināt par savām vājajām vietām, lai no tām atbrīvotos. Es ļoti uzmanīgi sāku ar viņiem par to runāt, bet, ja viņi mani pārtrauc un sāk taisnoties, skaidrojot kāds ir viņu nepilnību iemesls, es vairāk nedotu viņiem padomus. Tādā situācijā ļoti grūti kaut ko ieteikt. Iesākumā viņi var pieņemt padomus ar pateicību, bet, ja viņu Gara pilnība zaudēta, tad neviens nezin, kas notiks viņu sirdī.

Reizēm man nākas runāt par kaut ko pašu svarīgāko, ar kā palīdzību var tikt sasniegta Dieva Valstība vai atrisinātas ļaužu problēmas. Un es, lūdzoties vēroju viņu sejas izteiksmi, cerot, ka viņi nebūs apbēdināti vai vīlušies.

Protams, kad Jēzus stingri norāja farizejus un rakstu mācītājus, tie nepieņēma Viņa padomus. Jēzus deva viņiem iespēju, lai kaut vai kāds no tiem varētu Viņu sadzirdēt un nožēlot grēkus. Un, tā kā viņi bija skolotāji, tad Jēzus gribēja, lai cilvēki, saprotot kas ir patiesība, netiktu pievilti no viņu liekulības. Izslēdzot šos īpašos gadījumus, jums nav jāizrunā vārdi, kas var apbēdināt citu jūtas vai atklāt citiem viņu trūkumus, kā rezultātā viņi var atkāpties. Dodiet padomu tikai tad, kad tas ir absolūti nepieciešams, jums tas jādara ar mīlestību, skatoties uz lietām no cita cilvēka pozīcijas, ar rūpēm par viņa dvēseli.

Būt augstsirdīgam attiecībā pret visiem.

Vairums ļaužu, kaut kādā pakāpē, var būt dāsni pret tiem, ko viņi mīl. Pat paši skopākie var sagatavot kādam dāvanu, ja viņi pārliecināti, ka saņems kaut ko pretī. Lūkas Evaņģēlijā 6:32, teikts: „Ja jūs mīlat tos, kas jūs mīl, kāda pateicība jums nākas? Arī grēcinieki dara to pašu."

Mēs varēsim pienest žēlsirdības augļi, tikai atdodot visu sevi un pie tam neko negaidor pretim.

Jēzus no paša sākuma zināja, ka Jūdas Viņu nodos, tomēr Viņš izturējās pret viņu tieši tāpat, kā arī pret pārējiem Saviem mācekļiem. Viņš deva tam daudz iespēju, lai viņš varētu nākt pie grēku nožēlas. Un pat piesists pie krusta Jēzus lūdzās par tiem, kas Viņu sita krustā: „... Tēvs, piedod tiem, jo tie nezin, ko tie dara," (Lūkas 23-34).

Tāda ir žēlsirdība, kura piedod pat tiem, kuriem piedot pavisam neiespējami.

Apustuļu darbu grāmatā mēs lasām par Stefanu, kurš pienesa lūk tādu žēlastības augli. Viņš nebija apustulis, taču viņš bija piepildīts ar labestību un Dieva spēku. Caur viņu bija atklātas apbrīnojamas zīmes un brīnumi. Tie, kam tas nepatika, mēģināja strīdēties ar viņu, bet, kad viņš atbildēja tiem Svētajā Garā, demonstrējot Dievišķu gudrību, viņiem nebija nekas ko tam iebilst. Runā, ka ļaudis, skatoties uz viņa seju, „redzēja to līdzīgu Eņģeļa sejai," (Apustuļu darbi 6:15).

Bet Jūdus, kas klausījās Stefana svētrunas, sāka mocīt sirdsapziņa; un beigu beigās viņi izveda Stefanu aiz pilsētas robežām un līdz nāvei nomētāja ar akmeņiem. Bet, pat mirstot, viņš lūdzās par tiem, kas meta uz viņu akmeņus: „... Kungs nepielīdzini viņiem šo grēku," (Apustuļu darbi 7:60).

Tas parāda mums, ka viņš jau bija tiem piedevis. Viņā nebija nekāda naida pret tiem; viņā bija žčlsirdības augļis, viņš juta tiem līdz. Un tādēļ, ka viņam bija tāda sirds, Stefans varēja veikt tamlīdzīgus lielus darbus.

Cik gan centīgi jūs kultivējat savu sirdi? Vai vēl ir kāds, kuru jūs nemīlat vai ar kuru jums ir sliktas attiecības? Jums jāmācās pieņemt un saprast ļaudis, pat, ja viņu raksturs un uzskati nesakrīt ar jūsējiem. Jums, pirmkārt, jānostājas cita cilvēka vietā. Un tad jūsu nepatikas jūtas pret šo cilvēku aizies.

Ja jūs sev sāksiet uzdot jautājumu: „Un kāpēc viņš to dara? Es vienkārši nevaru viņu saprast," tad jūs sajutīsiet neapmierinātību, un jums, redzot šo cilvēku, radīsies nepatīkamas izjūtas. Taču, ja jūs spriedīsiet sekojošā veidā: „Nu ko, savā situācijā viņš nevarēja rīkoties savādāk," tad jūsu nepatikas jūtas pret viņu visdrīzāk izzudīs, jūs parādīsiet žēlsirdību pret šo cilvēku un sāksiet par viņu lūgties.

Ja jūs pamēģināsiet, lūk, tā izmainīt savu domu un jūtu gaitu, tad jūs varēsiet pakāpeniski atbrīvoties no ienaida un citām negatīvām jūtām. Bet, ja jūs turpināt ietiepīgi uzstāt uz savu, jūs nespēsiet pieņemt cilvēku tādu, kāds viņš ir un kalpot viņam. Jūs neatbrīvosieties ne no ienaida, ne no savām neapmierinātības jūtām. Lai iemācītos pieņemt jebkuru cilvēku un kalpot viņam, jums jāatmet paštaisnība un jāmaina savas domas un jūtas.

Pagodināt citus.

Lai pienestu žēlsirdības augli, mums jāpagodina citi gadījumā, kad viss bija izdarīts pareizi, un jāņem vainu uz sevi, ja kaut kas noticis ne tā. Kad citi saņem atzinību un balvas, un tas pietam, ka jūs esat strādājuši kopā, jums jāpriecājas par viņiem tāpat, kā jūs priecātos paši par sevi. Un tad jums neradīsies nekāds diskomforts pie domas par to, ka tas bijāt jūs, kas izdarījāt lielu darba daļu, bet slavē citu cilvēku, neskatoties uz visiem viņa trūkumiem. Jūs būsiet pateicīgi tikai pie vienas domas par to, ka saņemot apkārtējo uzslavu, viņš iegūs lielu pārliecību par sevi un sāks labāk strādāt.

Ja māte izdarīs kaut ko kopā ar savu bērnu, bet visa uzslava tiks bērnam, ko tādā gadījumā jutīs māte? Nav tādas mātes, kura sāks žēloties par to, ka tā bija viņa, kas palīdzēja savam bērnam visu izdarīt pareizi, bet, pie tam viņa nav saņēmusi nekādu apbalvojumu. Un vēl: katrai mātei, protams, ka, patīkami dzirdēt, ka viņa skaista, tomēr viņa būs laimīgāka, ja ļaudis viņai pateiks, kāda viņai skaista meita.

Pienesot žēlsirdības augli, mēs varēsim jebkuru cilvēku nostādīt augstāk par sevi, attiecinot visus nopelnus uz viņa rēķina. Mēs tā priecāsimies kopā ar viņu par viņa nopelniem, kā ja paši būtu saņēmuši balvu. Žēlsirdība – tā ir Dieva Tēva rakstura īpašība, Kurš pilns līdzcietības un mīlestības. Ne tikai žēlsirdība, bet arī katrs no Svētā Gara augļiem atspoguļo pilnīgā Dieva sirdi. Mīlestība, prieks, miers, pacietība un visi citi augļi – tās ir dažādas Dieva sirds rakstura īpašības.

Tādēļ pienest Svētā Gara augļus – nozīmē tiekties iegūt Tēva sirdi un būt pilnīgam, kā mūsu Dievs ir pilnīgs. Jo nobriedušāki būs mūsu garīgie augļi, jo labāki jūs kļūsiet un tad Dievs nevarēs apturēt Savu mīlestību pret jums. Viņš priecāsies, sakot, ka jūs esat Viņa dēli un meitas, kas kļuvuši līdzīgi Viņam. Ja jūs kļūsiet Dieva bērni, kas Viņam tīkami, tad varēsiet saņemt visu, par ko lūgsiet un ko savā sirdī vēlaties, par ko Dievs tāpat zina un grib piepildīt. Es ceru, ka visi jūs pienesīsiet pilnīgus Svētā Gara augļus un visā patiksiet Dievam, lai uz jums pārpilnībā izlejat svētības un jūs baudītu pagodinājumus Debesu Valstībā, kļūstot bērni, kas visā līdzīgi Dievam.

Vēst. Filipiešiem 2:5

„Savā starpā turiet tādu pat prātu, kāds ir arī Kristū Jēzū,"

Pret tādām lietām nav bauslības

7. nodaļa

Labprātība

Labprātības auglis
Tiecaties pēc labprātības
sekojat Svētā Gara vēlmēm
Izvēlieties labprātību visā, līdzīgi labajam Samarietim
Nestrīdieties un nelielāties ne pie kādiem apstākļiem
Ielūzušu niedri nesalaužat un
kvēlojošu dakti nenodzēsiet
Spēks, kas nepieciešams, lai sekotu labprātībai un patiesībai

Labprātība

Kādu reizi naktī jauns cilvēks novalkātās drēbēs atnāca pie padzīvojuša laulāta pāra, prasot izīrēt viņam istabu. Laulātie iežēlojās par viņu un izīrēja viņam istabu. Taču jaunais cilvēks uz darbu negāja, bet visu laiku sēdēja istabā un pļēguroja. Šajā gadījumā vairums ļaužu pacenstos izlikt viņu ārā, uzskatot, ka viņš nevarēs samaksāt par istabas īri. Taču šis padzīvojušais pāris laiku pa laikam deva viņam ēdienu un uzmundrināja viņu, sludinot viņam Evaņģēliju. Viņš bija aizkustināts par viņu mīlestību, jūtot, ka viņi attiecas pret to, kā pret pašu dēlu. Beigu beigās viņš pieņēma Jēzu Kristu un kļuva par jaunu cilvēku.

Labprātības auglis.

Labprātība – tā ir spēja mīlēt un neatteikties līdz pēdējam pat no pašiem atstumtākajiem – no tiem, kurus sabiedrība uzskata par izstumtajiem. Labprātības auglis tiek pienests ne tikai sirdī, bet arī apstiprināts ar darbiem, kā tas bija gadījumā ar padzīvojušo pāri.

Ja mēs pienesam labprātības augli, tad spēsim izplatīt Kristus labo aromātu visur. Un apkārtējie mums ļaudis, aizkustināti par mūsu labajiem darbiem dos godu Dievam.

Labprātība – tā ir tāda īpašība, kā maiguma, uzmanības, labsirdības un dāsnuma izpausme. Tomēr garīgajā nozīmē – tā ir sirds, kas tiecas uz labo Svētajā Garā, kas arī ir labprātība patiesībā. Pienesot pilnvērtīgu labprātības augli, mēs iegūsim Kunga sirdi – tīru un nevainojamu

Reizēm pat neticīgie, kam nav Svētā Gara dāvanas, kaut kādā mērā parāda labprātību. Pasaules ļaudis spriež par to, kas labi un kas slikti, ieklausoties savā sirdsapziņā. Ja viņus nemoka sirdsapziņa, tad pasaules ļaudis uzskata sevi par labiem un pareiziem. Taču sirdsapziņa visiem savādāka. Un, lai saprastu, kas ir labprātība kā Gara auglis, mums no sākuma jāsaprot, kas tas tāds - cilvēka sirdsapziņa.

Tiekties pie labprātības sekojot Svētā Gara vēlmēm.

„Šī piezīme nesakrīt ar zinātnes datiem" – kaut ko līdzīgu saka daži jaunatgrieztie, klausoties svētrunas un novērtējot tās pēc savu zināšanu un sirdsapziņas mēriem. Bet, pēc tā mēra, kā viņi pieaug ticībā un iepazīst Dieva Vārdu, viņi sāk saprast, ka viņu spriedumu standarti nav patiesi.

Sirdsapziņa – tas ir standarts, kas ļauj atšķirt labo un ļauno, pamatojoties uz dabisko cilvēka būtību. Cilvēka daba atkarīga no viņa saņemtās pie dzimšanas dzīvības enerģijas, un tāpat no apkārtnes, kurā viņš audzināts. Bērni, kas mantojuši pozitīvu dzīvības enerģiju, atšķiras ar salīdzinoši labu dabisko būtību. Un arī ļaudis, kuri audzināti labvēlīgā vidē, redzot un dzirdot daudz pozitīva apkārt, visdrīzāk būs ar labu sirdsapziņu. No citas puses, ja cilvēkam nodota grēcīga vecāku daba un savā apkārtnē viņš redzējis daudz ļauna, tad viņa sirdsapziņa, visdrīzāk, būs samaitāta.

Piemēram, bērni, kurus mācīja būt godīgiem, piemānot, piedzīvos sirdsapziņas pārmetumus. Bet bērniem, kas izauguši melīgu cilvēku vidē, piemānīt – tā būs pilnībā ikdienišķa lieta. Viņi pat neaizdomāsies par to, ka viņi melo. Priekš viņiem – melošana – tas kaut kas dabisks, tādēļ ka viņu sirdsapziņa tik ļoti grēku aptraipīta, viņi neizjūt sirdsapziņas mokas šī iemesla dēļ.

Bērni, kuri auguši vieniem un tiem pašiem vecākiem vienā un tajā pašā vidē, var dažādi uztvert kādas lietas. Vieni bērni vienkārši paklausīgi saviem vecākiem, tad kā citi bērni, esot ar stipru gribu, neieklausās savos vecākos. Tādēļ neskatoties uz to, ka brāļus un māsas audzinājuši vieni un tie paši vecāki, viņu sirdsapziņa var formēties atšķirīgi.

Sirdsapziņa formējas atkarībā no sociālām un ekonomiskām vides vērtībām, kurā viņi uzauguši. Katrā sabiedrībā sava sistēmu vērtība un standarti, un tos nevar salīdzināt ar to, kas bija 100 gadu atpakaļ, 50 gadus iepriekš un šodien. Piemēram, verdzturības laikos uzskatīja par normu vergus sist, piespiežot tos strādāt. Vēl pirms 30 gadiem bija nepieņemami parādīt uz ekrāna atkailinātu sievietes ķermeni. Kā jau bija teikts, sirdsapziņas standarti atkarīgi no paša cilvēka, no vietas un laika, kurā viņš dzīvo. Tie, kas domā, ka ieklausās savā sirdsapziņā, īstenībā vienkārši dara to, ko viņi paši uzskata par pareizu. Taču šajā gadījumā grūti pateikt, ka viņu rīcība atbilst absolūtās labestības kritērijiem.

Bet mums, tiem kas ticam Dievam, ir kopējs standarts, pēc kura mēs atšķiram labu no ļauna. Šis standarts ir Dieva Vārds. Pie tam, šis ir tas pats standarts vakar, šodien un mūžīgi. Garīgo labprātību parāda tie, kas seko sirdsapziņas standartiem, kas pamatoti patiesībā. Tādiem cilvēkiem ir tieksme uz labo, un labprātīga vajadzība sekot Svētā Gara vēlmēm. Tomēr, vienkārši tiekties uz labestību – vēl nenozīmē pienest labprātības augli. Mēs spēsim pienest šo augli tikai tad, kad mūsu vēlme sekot labajam nostiprināsies ar praktiskiem darbiem.

Mateja Evaņģēlijā 12:35, teikts: „Labs cilvēks izdod no labā krājuma labu, un ļauns cilvēks no ļaunā krājuma ļaunu."

Un Sakāmvārdos 22:11, tāpat teikts: „Kam šķīsta sirds, tas mīl To Kungu, un, kam lūpas mīlīgi runā, tam Ķēniņš ir draugs."

Kā teikts iepriekš minētajos Bībeles pantos, priekš tiem, kas pa īstam tiecas uz labo, darīt labus darbus – pilnīgi dabīgi. Lai kur viņi neietu un, lai ko viņi nesatiktu, viņi parādīs dāsnumu un mīlestību, izteiktu labos vārdos un darbos. Tieši tāpat, kā no cilvēka, kas lietojis parfīmu, nāk patīkams aromāts, arī no labprātības izplūst Kristus labais aromāts.

Kādi cilvēki, cenšoties izveidot labu sirdi, tiecas pie garīgiem ļaudīm un grib būt ar viņiem draudzīgās attiecībās. Viņiem sagādā apmierinājumu klausīties un iepazīt patiesību. Viņus viegli aizkustināt, viņi var izliet daudz asaru. Bet viņiem neizdosies izveidot labu sirdi tikai tādēļ, ka viņi to grib. Viņiem jākultivē savā sirdī un jāpielieto praktiski to, ko viņi dzirdējuši un iepazinuši. Piemēram, ja jūs kontaktējaties tikai ar labiem cilvēkiem un izvairieties no ļaudīm, kas nav visai patīkami, tad vai gan patiešām jūs tiecaties pie labprātības izrādīšanas.

Tie, kas nav jums ļoti patīkami, arī var jums kaut ko iemācīt. Iespējams, zināšanas jūs no tiem neiegūsiet, bet viņu dzīve var izrādīties jums laba mācībstunda. Piemēram, ja jūs esat satikušies ar ātras dabas cilvēku, tad jūs lieku reizi varēsiet pārliecināties par to, ka ātra daba, pieved pie biežiem strīdiem un nesaskaņām. Viņus vērojot, jūs nāksiet pie secinājuma, ka nav vērts būt tik ātri aizkaitināmam.

Ja jūs izvēlaties tikai labu ļaužu sabiedrību, tad saprast lietu pretstatus, kurus jūs redzat un dzirdat, būs grūti. Vienmēr ir kaut kas, ko var pamācīties no visdažādākajiem cilvēkiem. Domājot, ka jūs sekojat labestības principiem un jau daudz esat iemācījušies un sapratuši, jums sevi jāpārbauda, vai patiešām tas apstiprinās ar jūsu labajiem darbiem.

Izvēlieties labprātību visā, līdzīgi labajam Samarietim.

Tagad mācīsimies pa detaļām, kas tas tāds, "garīgā labprātība" un ko nozīmē – "sekot labajam patiesībā un Svētajā Garā."

Īstenībā garīgā labprātība – tas ir ļoti plašs jēdziens. Labprātība, ir Dieva būtībai klātesoša, un šo labprātību ietvērusi sevī pilnībā visa Bībele. Un pants, kurš dod mums iespēju visvairāk sajust labprātības aromātu, ņemts no vēstules Filipiešiem 2:1-4, kur teikts:

„Ja nu ir kāda Kristus ieprieca, ja kāds mīlestības mierinājums, ja kāda gara sadraudzība, kāda sirsnība vai līdzcietība, tad piepildāt manu prieku, turēdamies vienā prātā, lolodami vienu mīlestību, dvēselēs vienoti, ar vienu mērķi. Ne strīdēdamies, ne tukšā lielībā, bet pazemībā cits citu uzskatīdami augstāku par sevi. Neraudzīsimies katrs uz savām, bet uz citu vajadzībām."

Cilvēks, kas ir garīgas labprātības piepildīts, tieksies parādīt labestību Kungā, tādēļ viņš atbalsta pat tos, ar kuriem pilnīgi citos uzskatos. Tāds cilvēks pazemīgs, viņam nav godkārīgu domu, viņš nemeklē citu atzinību vai popularitāti. Pat, ja notiks tā, ka viņš iepazīsies ar tādu, kas salīdzinot ar viņu mazāk nodrošināts vai izglītots, viņš vienalga patiesi viņu cienīs un var kļūt viņam par īstu draugu.

Pie tam, pat ja apkārtējie bez jebkāda uz to iemesla rada viņam grūtības, viņš vienalga pieņem tos ar mīlestību. Viņš ar pazemību tiem kalpo, tādēļ viņam ir miers ar visiem. Viņš ne tikai uzticīgi pilda savus pienākumus, bet tāpat palīdz darbā katram, kam ir vajadzība. Lūkas Evaņģēlija 10. nodaļā ir līdzība par labo samarieti.

Cilvēkam, kas ceļoja no Jeruzalemes uz Jēriku, uzbruka laupītāji. Viņi atņēma tam drēbes un atstāja viņu tik tikko dzīvu. Pa to pašu ceļu gāja priesteris, kurš redzēja, kā tas mirst, bet aizgāja garām. Viņu redzēja tāpat arī levits, bet arī aizgāja garām. Priesteris un levits – tie ir cilvēki, kuri zina Dieva Vārdu un kalpo Dievam. viņi zina Baušļus labāk par citiem ļaudīm. Un viņi ļoti lepojas ar to, cik labi viņi kalpo Dievam.

Kad viņiem vajadzēja izpildīt Dieva gribu, viņi to neizdarīja, ko būtu vajadzējis izdarīt. Protams, ka viņi varēja teikt, ka tiem bija iemesls, kura dēļ viņi nevarēja parādīt tam palīdzību. Bet, ja viņos būtu bijusi žēlsirdība, viņi nevarētu noignorēt cilvēku, kuram tā bija vajadzīga viņu palīdzība.

Vēlāk garām braucošs samarietis ieraudzīja aplaupīto un ievainoto cilvēku. Šis samarietis iežēlojās par viņu un pārsēja viņa brūces. Uzsēdinājis uz sava ēzeļa, viņš atveda to uz viesnīcu un palūdza saimnieku parūpēties par viņu. Nākošā dienā viņš iedeva tam divus dinārus un apsolīja, ka atpakaļceļā viņš viesnīcas saimniekam samaksās visus papildus izdevumus.

Ja samarietis būtu egoistiskas dabas, tad viņš nesāktu tā rīkoties. Viņš arī bija aizņemts, viņš zaudēja laiku un naudu, nodarbojoties ar viņam nepazīstama cilvēka lietām. Nu, ārkārtējā gadījumā viņš varēja tam vienkārši sniegt palīdzību un neprasīt viesnīcas īpašniekam parūpēties par viņu, apsolot vēl arī kompensēt visus zaudējumus.

Bet viņa labestība neļāva tam paiet garām mirstošam cilvēkam. Lai arī viņš zaudēja laiku un naudu, viņš neskatoties uz savu aizņemtību nevarēja noignorēt cilvēku, kuram tik izmisīgi bija vajadzīga viņa palīdzība. Kad viņš pats nevarēja parūpēties par to, viņš palūdza citu cilvēku viņam palīdzēt. Ja viņš būtu pagājis garām cietušajam, attaisnojoties ar personīgiem iemesliem, tad nākotnē tas kā slogs gulētu uz samarieša sirds.

Viņš sevi pastāvīgi vainotu, uzdodot jautājumu: „Interesanti, kas notika ar to ievainoto cilvēku? Man vajadzēja viņam palīdzēt, lai arī es ciestu zaudējumus. Jo Dievs vēroja mani, kā gan es varēju tā rīkoties?" Garīgā labprātība nevar klusēt, ja mēs nedarām labu.

Pat, kad mēs jūtam, ka kāds mēģina mūs apmānīt, mūsu izvēlei vienmēr jābūt vērstai uz labo.

Nestrīdaties un nelielāties ne pie kādiem apstākļiem.

Citus pantus, kas dod mums priekšstatu par labo, mēs atrodam Mateja Evaņģēlijā (12:19-10). 19. pantā teikts: „Ne viņš bārsies, ne brēks, ne arī dzirdēs uz ielām Viņa balsi." Nākošajā 20. pantā uzrakstīts: „Ielūzušu niedri Viņš nesalauzīs, un kvēlojošu dakti Viņš neizdzēsīs, tiekams Viņš taisnībai dos uzvaru."

Runa iet par garīgo Jēzus labprātību. Viņa kalpošanas laikā Jēzum ne ar vienu nebija nekādu problēmu vai strīdu. No pašas bērnības Viņš bija paklausīgs Dieva Vārdam, bet Savas publiskās kalpošanas laikā Viņš darīja tikai labus darbus, sludinot Dieva Valstības Evaņģēliju un dziedinot slimos. Un tomēr, ļauni cilvēki pārbaudīja Viņu ar daudziem vārdiem, cenšoties nogalināt Viņu.

Jēzus vienmēr zināja viņu nelietīgos nodomus, bet naida pret tiem Viņš neizjuta. Viņš vienkārši deva tiem iespēju uzzināt patieso Dieva gribu. Kad viņi to nemaz nepieņēma, Viņš nestrīdējās ar tiem, Viņš vienkārši izvairījās no viņiem. Pat tad, kad Viņu pratināja pirms piesišanas krustā, Viņš ne ar vienu nestrīdējās un neko necentās pierādīt.

Mūsu kristīgās ticības sākuma etapā mēs tikai ķeramies pie Dieva Vārda mācīšanās. Mēs pārstājam paaugstināt balsi un celt histērijas tādēļ, ka neesam vienādos uzskatos ar kādu. Taču strīdi – tā ir ne tikai saruna paaugstinātos toņos. Ja mums rodas nepatīkamas jūtas vai nesaskaņas ar kādu, tad tas jau – strīds. Mēs runājam, ka tas strīds, tādēļ ka tiek izjaukts miers mūsu sirdī.

Ja ir strīds, tad iemesls – vienmēr mūsu iekšienē. Tas notiek ne tādēļ, ka kāds sagādā mums šīs nepatikšanas. Un ne tādēļ, ka kāds dara kaut ko, ko mēs uzskatām par nepareizu. Iemesls tajā, ka mūsu sirdis pārāk šauras, lai viņus pieņemtu, un vēl tādēļ, ka ierobežotie mūsu domāšanas rāmīši pieved mūs pie nesaskaņām daudzās lietās.

Mīkstas kokvilnas apkampieni nerada nekādu troksni, ja tajā iemet kaut kādu priekšmetu. Un, lai kā arī mēs nekratītu glāzi ar tīru un caurspīdīgu ūdeni, tas paliks tīrs un caurspīdīgs. Tas pats notiek arī ar ļaužu sirdīm. Ja kādā noteiktā situācijā tiek izjaukts garīgs miers un rodas nepatīkamas jūtas, tad tas nozīmē – sirdī vēl aizvien ir ļaunums.

Kā jau bija teikts, Jēzus nepacēla balsi, bet kāpēc tad citi ļaudis kliedz? Viņi to dara tādēļ, ka grib parādīt sevi, pievērst sev uzmanību. Viņi kliedz, vēloties, lai apkārtējie viņus atzītu un kalpotu tiem.

Jēzus darīja tādus lielus darbus, kā, piemēram, cēla augšā mirušos, atgrieza redzi aklajiem, un tomēr Viņš bija neparasti pazemīgs. Pat tad, kad ļaudis Viņu izsmēja, karājoties pie krusta, Viņš līdz pat pašai nāvei, pildīja tikai Dieva gribu, pilnībā pazemojot Sevi (Vēst. Filipiešiem 2:5-8.)

Kā jau bija teikts, neviens nedzirdēja uz ielām Viņa balsi. Tas mums stāsta par to, ka Viņa manieres bija nevainojamas. Viss Viņā bija pilnīgs - gan tas, kā Viņš uzvedās gan tas, kā Viņš runāja. Un tas, ka dziļi viņa sirdī bija neparasta labestība, pazemība un garīgā mīlestība, to nevarēja nepamanīt.

Ja mēs pienesam garīgās labprātības augli, tad mums ne ar vienu nebūs nekādu konfliktu un problēmu – tāpat, kā tās nebija Kungam. Mēs nesāksim runāt par citu ļaužu kļūdām un trūkumiem. Mēs nelielīsimies vai nepaaugstināsim sevi pāri citiem. Un, ja pat mēs nepelnīti cietīsim, mēs nežēlosimies.

Ielūzušu niedri nesalauziet un kvēlojošu dakti neizdzēsiet.

Kad koks vai augs aug lielāks, mēs, pamanot bojātās lapas vai zarus, tos noteikti apgriežam. Gaisma paliek blāvāka, ja dakts kvēlo un pie tam vēl arī dūmo. Tādēļ parasti to nodzēš. Taču ļaudis, piepildītie ar garīgo labprātību, ielūzušu niedri nesalauzīs un kvēlojošu dakti nenodzēsīs. Ja būs kaut mazākā ticamības iespēja, ka tā varētu atjaunoties, tad viņiem roka necelsies dzīvību pārtraukt, bet tieši otrādi, viņi pacentīsies uzvest tos uz dzīvības ceļa.

Šeit ar „ielūzušu niedri" tiek domātas šīs pasaules ļaužu sirdis, kas piepildītas ar grēkiem un ļaunumu. Bet kvēlojoša dakts simbolizē tādas sirdis, kuras tik ļoti ļaunuma samaitātas, ka viņu dvēseles gaisma tūlīt, tūlīt apdzisīs. Maz ticams, ka ļaudis, kas līdzīgi ielūzušai niedrei un kvēlojošai daktij, pieņems Kungu. Pat, ja viņi noticēs Dievam, tad viņu darbi neatšķirsies no pasaules cilvēku darbiem. Viņi atļausies izteikties pret Svēto Garu un sacelsies pret Dievu. Jēzus laikā bija daudz ļaužu, kuri neticēja Jēzum. Un kaut arī viņi redzēja apbrīnojamus Dieva spēka darbus, tomēr tie pretojās Svētā Gara darbam. Bet Jēzus skatījās uz viņiem ar ticību līdz pašam galam, dodot viņiem iespēju saņemt glābšanu.

Šodien pat draudzēs daudzi ļaudis līdzīgi ielūzušai niedrei un kvēlojošai daktij. Viņi ar savām lūpām saka „Kungs, Kungs", bet vienlaicīgi vēl arvien dzīvo grēkos. Kādi no tiem pat saceļas pret Dievu. Vājās ticības dēļ viņi iekrīt kārdināšanās un pārstāj apmeklēt baznīcu. Izdarot to, ko baznīca uzskata par ļaunu darbu, tie, kaunoties par padarīto, aiziet no draudzes. Ja mums būs labprātība, mēs pirmie izstiepsim viņiem pretī palīdzīgu roku.

Daži ļaudis grib izmantot mīlestību un atzinību draudzē, bet, ja tas nenotiek, tad viņu ļaunums iznāk ārpusē. Viņi apskauž tos, kurus draudzes locekļi mīl, un tos kas vairāk izauguši garīgi, un slikti atsaucās par viņiem. Viņi neieliek sirdi darbā, kuram citi bijuši iniciatori un vēl vairāk, cenšas šajā darbā atrast kādas kļūdas.

Bet pie tā visa, tas, kam ir garīgās labprātības auglis, pieņems ļaudis, kuru ļaunums iznāk ārpusē. Viņi neapspriedīs, kam taisnība un kurš vainīgs, kur labais, un kur ļaunais, lai nosodītu tos. Viņi mīkstinās to sirdis, attiecoties pret viņiem ar labām un patiesām sirdīm.

Daži ļaudis prasa man nosaukt tos, kas apmeklē draudzi ar slēptiem motīviem. Viņi saka, ka to izdarot būs iespējams norobežot draudzes locekļus no piemānīšanas, un pat domā, ka tādiem cilvēkiem vispār nav vērts iet uz baznīcu. Jā, protams, atklājot šos ļaudis, varētu attīrīt baznīcu, bet kādu kaunu pārdzīvos viņu ģimenes un tie, kas atveduši viņus uz draudzi?! Ja mēs dažādu iemeslu dēļ sāksim padzīt no draudzes cilvēkus, tad nepaliks daudz tādu, kas tur paliks. Tas ir viens no pienākumiem – palīdzēt grēciniekiem mainīties un aizvest tos līdz Debesu Valstībai.

Saprotams, ka ir ļaudis, kuros ļaunums turpina vairoties un šis ceļš ievedīs tos nāvē, lai arī kā mēs necenstos parādīt pret viņiem laipnību. Tomēr arī tādos gadījumos mums, demonstrējot bezgalīgu pacietību, nevajadzētu pamest viņus, pat ja tie pārkāpj visas robežas. Tā arī ir garīgās labprātības izpausme – mudinot tos tiekties uz dzīvību garā un neatteikties no viņiem līdz pašam galam.

Kvieši un pelavas izskatās gandrīz vienādi, taču pelavas iekšpusē tukšas. Pēc pļaujas fermeris savāks kviešus klētīs, bet pelavas sadedzinās. Vai arī pelavas aizies mēslojumam. Draudzēs tāpat ir kvieši un pelavas. Pēc izskata visi draudzes apmeklētāji var izskatīties tā, it kā viņi būtu ticīgie, tomēr ir "kvieši" kuri paklausīgi Dieva Vārdam un ir – "pelavas", kuri dara ļaunus darbus.

Tāpat arī kā fermeris, kas gaida pļaujas laika iestāšanos, Mīlestības Dievs līdz pēdējam gaida, lai mainītos tie, kas līdzīgi pelavām. Kamēr nepienāks pēdējā diena, mums jādod katram iespēja saņemt glābšanu un jāskatās uz viņiem ar ticības acīm, kultivējot sevī garīgo labprātību.

Spēks, kas nepieciešams, lai sekotu labprātībai un patiesībai.

Jūs varat uzdot sev jautājumu: ar ko atšķiras garīgā labprātība no citām garīgām rakstura īpašībām? Piemēram, līdzībā par labo samarieti, viņa rīcība var būt novērtēta kā atsaucība un žēlsirdība; un, ja mēs nestrīdamies un nepaaugstinām savu balsi, tad mūs var nosaukt par miermīlīgiem un lēnprātīgiem. Vai tas nozīmē, ka garīgā labprātība ietver sevī visas šīs īpašības?

Protams, labprātībā ietverta mīlestība, atsaucīga sirds, žēlsirdība un lēnprātība. Un, kā minēts agrāk, labestība – tā ir Dieva būtība, lai arī labestībai kopumā – tai ir plaša izpratne. Atšķirīga garīgās labprātības īpatnība ir vēlme sekot šai labprātībai un spēka esamībai, lai praktiski to panāktu. Un šeit nav runa par līdzjūtību un žēlumu pret citiem un par palīdzēšanu tiem. Galvenais – tā ir pati labestība, kura bija samarietim un tāpēc viņš nevarēja paiet garām, kad viņam bija jāparāda žēlsirdība.

Un vēl: nestrīdēties un nenaidoties – tās ir lēnprātības pazīmes. Taču garīgās labprātības īpašības šajā gadījumā ir nespēja izjaukt mieru, sekojot garīgai labprātībai. Tā vietā, lai kliegtu un pieprasītu mūsu taisnības atzīšanu, mēs gribam būt lēnprātīgi, tādēļ ka mēs sekojam šai labprātībai.

Esot uzticīgi un pienesot labprātības augli, mēs būsim uzticīgi ne tikai kādā vienā lietā, bet visā Dieva namā. Ja jūs izturaties pavirši pret kādiem no saviem pienākumiem, tad no tā kāds var ciest. Un kāds var nesasniegt Dieva Valstību. Ja jūsos ir labprātība, tad tamlīdzīgās situācijās jums radīsies diskomforta jūtas, jūs nevarēsiet tās ignorēt, tādēļ pacentīsieties būt uzticīgi visā Dieva namā. Jūs varat pielietot šo principu arī attiecībā pret visām citām gara rakstura īpašībām.

Tie, kuros ir ļaunums, izjūt diskomfortu, ja nedara ļaunu. Viņi jūt apmierinājumu, izlejot ļaunumu uz citiem. Tie, kam ir ieradums jaukties svešās sarunās, nevar sevi kontrolēt, jaucoties citu sarunās. Neskatoties uz to, ka tas izsauc nepatīkamas sajūtas apkārtējiem un nostāda tos apgrūtinošā stāvoklī, viņiem dvēselē miers ir tikai tad, kas viņi dara to, ko tiem gribas. Un tomēr, ja tādi ļaudis turpina pielikt pūles pie tā, lai atbrīvotos no saviem sliktajiem ieradumiem un nepiedienīgās uzvedības, kura nesakrīt ar Dieva vārdu, viņi atbrīvosies no vairuma savu trūkumu. Bet, ja viņi pat nemēģinās to izdarīt un samierināsies ar saviem ieradumiem, tad nekas nemainīsies ne pēc desmit, ne pēc divdesmit gadiem.

Ļaudis, kas piepildīti ar labprātību, ir pavisam savādāki. Ja viņi neseko labestībai, tad jūt daudz lielāku diskomfortu, nekā ja viņi, piemēram, kaut ko būtu pazaudējuši; un domās viņi atgriežas pie tā atkal un atkal. Tādēļ viņi negrib kaitēt citiem, pat, ja arī tas rada viņiem zaudējumus. Un, lai cik tas viņiem nebūtu grūti, viņi centīsies pieturēties pie šiem likumiem.

Mēs varam tādu sirdi saprast no tā, ko teica Pāvils. Pēc savas ticības, viņš varēja ēst gaļu, taču lai tas nebūtu citam cilvēkam par piedauzību, viņš bija gatavs neēst gaļu visu savu atlikušo dzīvi.

Tieši tāpat arī ļaudis, kas piepildīti ar labprātību, atteiksies no tā, kas viņiem sagādā labpatiku, dēļ citiem cilvēkiem, un no tā būs tikai laimīgi. Viņi nav spējīgi izdarīt neko tādu, kas samulsinātu citus ļaudis; viņi nekad nedarīs darbus, kuri liks nopūsties viņos esošajam Svētajam Garam.

Un, ja jūs visā sekojat labprātībai, tad tas nozīmē, ka jūs pienesīsiet garīgās labprātības augli. Ja jūs esat pienesuši garīgās labprātības augli, tad izturēsieties pret ļaudīm tā, kā pret tiem izturētos Kungs. Jūs nepieļausiet, ka pat bērns pakluptu jūsu dēļ. Jūsu laipnība un pazemība atstās ietekmi pat uz jūsu ārējo izskatu. Sekojot Kunga piemēram jūs būsiet cienījami, jūsu uzvedība un runa būs pilnīga. Jūs būsiet pilnīgi visu ļaužu acīs, izplatot Kristus labo aromātu.

Mateja Evaņģēlijā 5:15-16, teikts: „Sveci iededzinājis, neviens to neliek zem pūra, bet lukturī, tad tā spīd visiem, kas ir namā. Tā lai jūsu gaisma spīd ļaužu priekšā, lai tie ierauga jūsu labos darbus un dod godu jūsu Debesu Tēvam."

Un tāpat 2. vēstulē Korintiešiem 2:15, teikts: „Jo mēs esam Kristus saldā smarža Dievam, tiem, kas top izglābti..."

Tā ka es ceru, ka jūs dosiet Dievam godu, par visu, pienesot cik vien iespējams ātrāk garīgās labprātības augli, un izplatīsiet Kristus labo aromātu šai pasaulei.

4. Mozus 12: 7-8

„Tāds nav Mans kalps Mozus, kas visā Manā namā ir uzticams; vaigu vaigā Es ar to runāju un ne ar parādībām, ne ar mīklām, bet redzēdams viņš ir redzējis Tā Kunga vaigu; kādēļ jūs nebīstaties runāt pret Manu kalpu Mozu?"

8. nodaļa

Uzticamība

Lai mūsu uzticība būtu atzīta
Darīt vairāk, nekā bija
uzdots
Būt uzticamiem patiesībā
Strādāt saskaņā ar vadītāja gribu
Būt uzticamiem visā Dieva namā
Uzticamība Dieva Valstībai un Viņa taisnībai

Uzticamība

Viens cilvēks devās uz svešu zemi. Viņa prombūtnes laikā, kādam vajadzēja parūpēties par viņa īpašumu, tādēļ viņš uzdeva šo darbu trim saviem kalpiem. Atkarībā no katra viņa spējām, viņš deva tiem atbilstoši, vienu talentu, divus talentus un piecus talentus. Kalps, kas saņēma piecus talentus, gāja un ieliekot tos darbā, nopelnīja savam saimniekam vēl piecus talentus. Kalps, kam bija divi talentu, arī piepelnīja vēl divus. Bet tas, kam bija viens talents, ieraka to zemē un nenopelnīja nekādu peļņu.

Saimnieks palika apmierināts ar kalpiem, kuri nopelnīja papildus divus un piecus talentus, un katru uzslavējis teica: „Labi, tu godīgais un uzticīgais kalps. Tu esi bijis uzticīgs pār mazumu; es tevi iecelšu par daudzumu. Ieej sava kunga priekā," (26.p.).

Dievs dod mums daudz uzdevumus, atbilstoši mūsu talantiem, lai mēs priekš Viņa strādājam. Tikai tad, kad mēs izpildīsim savus pienākumus, veltot tam visus savus spēkus un nesīsim labumu Dieva Valstībai, mēs varam būt atzīti par „labiem un uzticamiem kalpiem".

Lai mūsu uzticība būtu atzīta.

Skaidrojošā vārdnīcā vārdam
„uzticamība" dots sekojošs skaidrojums: „Tā ir pastāvība mīlestībā, uzticība, nešaubīga un stingra doto solījumu vai sava pienākuma pildīšana." Pat pasaulē tiek augsti vērtēti uzticami ļaudis, tādēļ ka viņiem var uzticēties.

Tomēr uzticība, kuru atzīst Dievs, atšķiras no tās, kura tiek novērtēta pie pasaules cilvēkiem. Vienkārši līdz galam izpildīt savu pienākumu – nenozīmē būt uzticīgam garīgā nozīmē. Un, pat ja mēs veltīsim visus mūsu spēkus un pat savu dzīvību kaut kam vienam, tad tā vēl nav pilnīga uzticība. Ja mēs izpildīsim savu sievas, mātes vai vīra pienākumu, vai gan mūs var nosaukt par uzticamiem? Jo mēs darām tikai to, kas mums jādara.

Garīgi uzticīgie tiek ļoti novērtēti Dieva Valstībā, no viņiem izplūst labas smaržas aromāts. Tas ir nemainīgas sirds, nešaubīgas pastāvības labais aromāts. Ir cilvēki, kuri strādā ar bezierunu paklausību kā vērši un ir ar sirdi, kas pelna uzticību. Ja mēs izdosim tādu labo smaržu, Kungs uzskatīs mūs par tādiem pat brīnišķīgiem, un gribēs mūs uzņemt Savos apkampienos. Tā notika arī ar Mozu.

Izraēla bērni bija kalpi Ēģiptē vairāk kā 400 gadu, un Mozus uzdevums bija aizvest tos uz Kānaānas zemi. Dievs viņu tā mīlēja, ka runāja ar viņu vaigu vaigā. Viņš bija uzticīgs visā Dieva namā un pildīja visu, ko Dievs viņam lika. Viņš pat neiedziļinājās problēmās, ar kurām viņam, iespējams, nāksies sadurties. Viņš bija vairāk, kā uzticīgs visā, pildot savu, Izraēla vadoņa, pienākumu un glabājot uzticību savai ģimenei.

Kādu reizi pie Mozus atnāca viņa sievastēvs Jetrus. Un Mozus stāstīja viņam par tām apbrīnojamām lietām, kuras Dievs bija darījis priekš Savas Izraēla tautas. Nākošajā dienā Jetrus redzēja kaut ko dīvainu. Ļaudis no paša rīta stājās rindā, lai ieraudzītu Mozu. Viņi prasīja izšķirt to strīdus. Un tad Jetrus ieteica:

"Bet tu izraugi no visas tautas spējīgus vīrus, kas bīstas Dieva, taisnīgus vīrus, kas nav uzpērkami, un iecel tos par priekšniekiem pār tūkstošiem, pār simtiem, piecdesmitiem, un pār desmitiem. Un lai tie tiesā ļaudis jebkurā laikā, bet lai būtu tā, ka tie katru lielāku lietu nodotu tev, bet katru mazāku lietu iztiesā paši; tā būs vieglāk, un viņi palīdzēs tev nest tavu nastu," (2. Mozus 18:21-22).

Mozus ieklausījās viņa vārdos. Viņš saprata, ka tas ko saka sievastēvs, ir saprātīgs padoms un viņa ieteikumu pieņēma. Mozus izvēlējās spējīgus vīrus, kuri neieredzēja mantrausību un nolika viņus pār tūkstošiem un simtiem ļaužu, par piecdesmit un desmit cilvēkiem, kā priekšniekus. Viņi tiesāja ļaudis vienkāršākos jautājumos, bet Mozus nodarbojās tikai ar pašiem svarīgākajiem jautājumiem.

Cilvēks var pienest uzticības augli uzticīgi pildot visus savus pienākumus ar labprātīgu sirdi. Mozus bija uzticams savas ģimenes loceklis un tāpat kalpoja arī cilvēkiem. Viņš veltīja tiem visu savu laiku un spēkus un šī iemesla dēļ bija atzīts par uzticīgu visam Dieva namam. 4. Mozus grāmatā 12:7-8, teikts: „Tāds nav Mans kalps Mozus, kas visā Manā namā ir uzticams; vaigu pret vaigu Es ar to runāju un ne ar parādībām, ne ar mīklām, bet redzēdams viņš ir redzējis Tā Kunga vaigu; kādēļ jūs nebīstaties runāt pret Manu kalpu Mozu?"

Tātad, kāds ir cilvēks, kas pienes Dieva atzītu uzticības augli?

Darīt vairāk, nekā bija uzdots.

Kad algoti strādnieki dara savu darbu, par kuru tiem maksā algu, mēs nesaucam viņus par uzticamiem tikai tādēļ, ka viņi izpildījuši savu pienākumu. Mēs varam pateikt, ka viņi izdarījuši savu darbu, bet izdarījuši tikai to, par ko tiem samaksāja, tādēļ mēs nevaram uzskatīt viņus par uzticamiem. Bet, pat starp darbiniekiem, par kuru darbu tiek samaksāts, ir tādi, kuri dara daudz vairāk par to, par ko tiek viņiem maksāts. Viņi nav slinki darbā, uzskatot, pie tam, ka viņi dara tik daudz, par ko tiem samaksā. Viņi pilda savus pienākumus ar patiesu vēlmi, no visas savas sirds, prāta un dvēseles, nežēlojot ne laiku, ne naudu. Daži draudzes darbinieki, kas strādā uz pilnas slodzes, dara vairāk par to, kas viņiem uzdots. Viņi paliek pēc darba, strādā svētku dienās, arī ārpus darba pastāvīgi domā par to, ko varētu izdarīt priekš Dieva. Viņi domā par to, kā labāk pakalpot draudzei un draudzes locekļiem, izdarot vairāk par to, kas viņiem bija uzdots. Teiksim, viņi uzskata, ka šūniņas vadītāja pienākumos ietilpst rūpes par dvēselēm. Tādēļ būt uzticamiem – tas nozīmē darīt vairāk par to, kas mums uzlikts.

Tie, kas pienesuši uzticības augli, paņemot uz sevi noteiktu atbildību, darīs vairāk, nekā tas ietilpst viņu pienākumos. Piemēram, kā gadījumā ar Mozu: viņš bija gatavs atdot savu dzīvību, lai izglābtu Izraēla bērnus, kuri sagrēkoja. Mēs to varam saprast no lūgšanas, kura uzrakstīta 2. Mozus grām. (32:31-32), un kurā viņš prasa: „Un Mozus griezās atpakaļ pie Tā Kunga un sacīja: „Ak, šī tauta ir darījusi lielu grēku, tā sev taisījusi dievu no zelta. Bet nu piedod viņiem viņu grēkus; un ja ne, tad izdzēs mani no Savas grāmatas, ko Tu esi rakstījis."

Kad Mozus pildīja savu uzdevumu, viņš nevis vienkārši paklausīgi darīja to, ko viņam lika Dievs. Viņš to darot nedomāja: „Es izdarīju visu iespējamo, lai izpildītu Dieva gribu priekš viņiem, bet viņi to nepieņēma. Vairāk es ne ar ko palīdzēt tiem nevaru." Viņam bija Dieva sirds un viņš veda aiz sevis ļaudis ar centību un mīlestību. Lūk, kāpēc, kad cilvēki darīja grēkus, viņš pats sajutās tā, it kā tā būtu viņa vaina, un visu atbildību par to viņš gribēja uzņemties uz sevi.

Tas pats bija arī ar apustuli Pāvilu. Vēstulē Romiešiem 9:3, teikts: „Es vēlētos būt nolādēts, atstumts no Kristus par labu saviem brāļiem, kas pēc miesas ir mani brāļi."

Bet pat dzirdot un zinot par apustuļa Pāvila un Mozus uzticību, mēs tomēr neaudzējam uzticību savā sirdī.

Pat tie, kam ir ticība un kas pilnībā izpilda savus pienākumus, runātu savādāk, ja viņi nokļūtu Mozus vietā, iespējams, viņi teiktu: „Dievs, es izdarīju visu, ko varēju. Man žēl šo tautu, bet es esmu pietiekami izcietis, vedot tos aiz sevis." Ar to viņi īstenībā grib pateikt: „Es esmu tik pārliecināts, ka esmu izdarījis visu, ko vajadzēja izdarīt." Vai varbūt viņus apņemtu nemiers, ka tos var notiesāt kopā ar citiem ļaudīm par to, ka citi cilvēki sagrēkojuši, kaut gan viņi nenes par to atbildību. Ļaužu sirdis ļoti tālas no uzticības.

Protams, ka ne katrs var tā lūgties: „Piedot tiem viņu grēkus, bet ja ne, tad izdzēs mani no Tavas grāmatas, kurā Tu ierakstījis." Tas nozīmē, ka pienesot uzticības augli savā sirdī, mēs nevaram vienkārši pateikt: ja kaut kas ne tā, tad mēs nenesam par to atbildību.

Un vēl: mums vispirms jādomā par Dieva mīlestību un žēlsirdību pret dvēselēm un par to, ka Dievs negrib, lai viņi aizietu bojā, lai arī Viņš saka, ka sodīs tos par viņu grēkiem. Par ko tad mums jālūdzas Dievam? Droši vien, mums jālūdzas sakot no visas sirds: „Dievs, tā ir mana vaina. Man vajadzēja labāk pieskatīt viņus. Dod tiem vēl vienu iespēju manis dēļ."

Tas pats arī attiecībā uz citiem aspektiem. Ticīgie neteiks: „Es esmu jau diezgan visu izdarījis," bet strādās vēl vairāk un no visas sirds. 2. vēstulē Korintiešiem 12:15, apustulis Pāvils saka: „Par jūsu dvēselēm es labprāt visu atdošu un atdošu pats sevi. Ja es jūs tik ļoti mīlu, vai tad, lai sagaidu mazāk mīlestības?"

Apustulis Pāvils rūpējās par dvēselēm ne tāpēc ka bija piespiests, un viņš to nedarīja pavirši. Viņš ar lielu prieku pildīja savus pienākumus, un tādēļ viņš teica, ka gatavs būtu visu pārciest dēļ citu dvēselēm.

Viņš atdeva sevi visu, pilnībā sevi veltot citām dvēselēm. Sekojot Pāvila piemēram, mēs varam parādīt patiesu uzticību, pildot savus pienākumus ar nebeidzamu prieku un mīlestību.

Būt uzticīgiem patiesībā.

Pieņemsim, ka cilvēks iestājies bandā un veltījis savu dzīvi bandas vadonim. Vai Dievs viņu uzskatīs par uzticamu? Protams, ka nē! Dievs var atzīt mūsu uzticamību tikai tad, kad mēs esam uzticami labajā un patiesajā.

Jo vairāk kristieši cenšas dzīvot ticībā, jo lielāka iespējamība, ka viņiem tiks doti daudzi uzdevumi. Dažos gadījumos viņi cenšas, pirmkārt, izdarīt to, kas tiem patīk, un pamet novārtā, lielākā vai mazākā pakāpē, pārējos darbus. Viņu prāts aizņemts ar plāniem par biznesa paplašināšanu. Viņi var zaudēt interesi pret savu pienākumu pildīšanu dēļ dzīves grūtībām, mēģinot izvairīties no piespiešanas no citu ļaužu puses. No kā tad notiek tādas pārmaiņas viņu prātā? No tā, ka viņi izturas pavirši pret garīgo uzticamību, strādājot Dieva Valstībai.

Garīgā uzticība prasa sirds apgraizīšanu. Tā pieprasa pastāvīgu mūsu sirds apģērbu apmazgāšanu. Un tāpat nepieciešams atmest visus grēkus, nepatiesību, ļaunumu, netaisnību, bezdievību un tumsu un kļūt svētiem. Atklāsmes 2:10, teikts: „... Esi uzticīgs līdz nāvei, tad Es tev došu dzīvības vainagu."

Dotajā gadījumā būt uzticīgiem līdz nāvei nenozīmē, ka jums centīgi un uzticīgi jāstrādā līdz pat fiziskās nāves iestāšanās brīdim. Tas nozīmē, ka jums jācenšas izpildīt Dieva Vārds, kas dots Bībelē, pilnībā, ar visu savu dzīvi.

Lai iegūtu garīgo uzticamību, mums vispirms jācīnās pret grēkiem, līdz pat asins izliešanai un jāpilda Dieva baušļi. Jāatmet no sevis ļaunums, grēks un nepatiesība, kurus Dievs tā ienīst, - tā ir visaugstākā prioritāte. Ja mēs vienkārši parādam centību darbā, pie tam neapgraizot savu sirdi, tad mēs nevaram nosaukt savu uzticību par garīgu. Tāpat kā kādreiz Pāvils teica: „Es mirstu katru dienu," arī mums pilnībā jāmirst un jākļūst svētiem. Tajā parādās garīgā uzticība.

Svētums – tas ir, ko Dievs Tēvs vēlas no mums vairāk par visu. Mums jāsaprot tas un jādara viss, lai apgraizītu savas sirdis. Tas nenozīmē, ka mēs nevaram uzņemties nekādus pienākumus līdz tam laikam, kamēr mēs pilnībā nekļūsim svēti. Tas nozīmē, ka, lai kādus pienākumus mēs nepildītu pašreizējā momentā, vienlaicīgi ar to mums jātiecas kļūt svētiem.

Tie, kas turpina apgraizīt sirdis, nemaina savu attieksmi pret uzticību. Viņi neatstās savus vērtīgos pienākumus tikai tādēļ, ka viņiem radušās grūtības ikdienas dzīvē vai sirdī ienākušas bēdas. Dieva dotie pienākumi – tie ir apsolījumi, kurus mēs esam devuši Dievam, un, kurus mums nekad nevajadzētu pārkāpt, neskatoties ne uz kādiem sarežģījumiem.

Bet no citas puses, kas var notikt, ja mēs izturamies nevērīgi pret savas sirds apgraizīšanu? Mēs nebūsim spējīgi nosargāt savu sirdi, kad sadursimies ar grūtībām un likstām. Mēs varam aiziet no uzticētajām attiecībām ar Dievu, un pārstāt pildīt savus pienākumus. Tos, kuriem ir tamlīdzīgas svārstīšanās, nevar atzīt par uzticamiem, pat ja viņi labi izpilda savus uzdevumus.

Lai iegūtu uzticamību, ko atzīst Dievs, mūsu uzticībai jābūt garīgai, bet priekš tā, mums nepieciešams apgraizīt mūsu sirdis. Bet pati par sevi sirds apgraizīšana nedod balvas. Savu siržu apgraizīšana ir izglābto Dieva bērnu pienākums. Vienlaicīgi, ja mēs atmetuši grēkus, pildīsim savus pienākumus ar šķīstu sirdi, tad mēs varēsim pienest daudz lielāku augli, nekā kad mēs pildām tos pēc savas miesīgas saprašanas. Un tad mēs saņemsim daudz lielākas balvas.

Pieņemsim, ka jūs, piemēram, atdodat visus savus spēkus draudzē svētdienās, nodarbojaties visu dienu ar brīvprātīgā darbu. Taču, ja vienlaicīgi jūs strīdaties un izjaucat mieru ļaudīm draudzē, pie tam pastāvīgi žēlojaties un esat sašutuši, tad vairums jūsu balvu būs jums atņemtas. Taču, ja jūs kalpojat draudzē ar labestību un mīlestību, tad viss jūsu darbs būs kā patīkams aromāts, tīkams Dievam, un katrs jūsu izdarītais darbs, atnesīs jums balvas.

Strādāt saskaņā ar vadītāja gribu.

Draudzē mums jāstrādā saskaņā ar Dieva sirdi un gribu. Mums tāpat jābūt uzticamiem, paklausot savam vadītājam, atbilstoši draudzes kārtībai. Sakāmvārdos 25:13, teikts: „Kā sniega dzestrums pļaujamā laikā – tāds ir uzticams sūtnis tam, kas viņu sūtījis, jo viņš atspirdzina sava kunga dvēseli."

Pat ja mēs ļoti centīgi izpildām savus pienākumus, mēs

nevarēsim izpildīt sava priekšnieka vēlēšanos, ja darīsim to, ko mums gribas. Iedomājaties, ka mūsu kompānijas vadītājs saka mums, lai paliekam ofisā, tādēļ ka ieradīsies ļoti svarīgs klients. Taču jums ir darbi, arī saistīti ar jūsu ofisa darbu, kuri prasa jūsu prombūtni visas dienas laikā. Un lai arī jūs visu dienu esat strādājuši nodarbojoties ar ofisa lietām, Dieva acīs jūs vienalga – esat neuzticams.

Iemesli, kas traucē jums paklausīt priekšniekam, vairāki: vai jums ir pašam savas idejas, vai tie ir egoistiski motīvi. Tāda veida cilvēks tikai izliekas, ka viņš kalpo savam saimniekam, bet īstenībā viņš to nedara ar pienācīgo uzticību. Viņš vienkārši seko savām personīgām domām un vēlmēm un var noignorēt sava priekšnieka vēlmes jebkurā laikā.

Bībelē mēs lasām par cilvēku vārdā Joābs, kurš bija Dāvida radinieks un armijas virspavēlnieks. Joābs bija kopā ar Dāvidu, kad tas, ķēniņa Saula, vajāts atradās briesmās. Viņš izcēlās ar gudrību un varonību. Un viņš darīja to, ko gribēja Dāvids. Kad Joābs devās kaujā pret Amoniešiem un ieņēma viņu pilsētu, viņš praktiski tos uzvarēja, bet lika paziņot Dāvidam, lai tas atnāktu un cīnītos pats. Joābs nevēlējās piesavināties sev pilsētas iekarotāja slavu, ļaujot Dāvidam ieņemt pilsētu.

Lūk, tik labi viņš kalpoja Dāvidam, tomēr Dāvidam ar viņu bija neērti. Lieta tajā, ka, ja runa gāja par viņa personīgām interesēm, tad viņš Dāvidu neklausīja. Joābs uzvedās nekauņīgi, un to nemulsināja Dāvida klātbūtne, kad viņš gribēja sasniegt savu mērķi.

Piemēram, virspavēlnieks Abners, kurš bija Dāvida ienaidnieks, atnāca pie Dāvida, lai padotos viņam; Dāvids pieņēma viņu un atļāva tam aiziet ar mieru. Dāvids varēja uzlabot attiecības ar ļaudīm daudz ātrāk, pieņemot tos tādus, kādi viņi ir. Bet vēlāk, kad Joābs par to uzzināja, viņš sekoja Abneram un to nogalināja. Lieta tajā, ka Abners vienā no kaujām nogalināja Joāba brāli. Viņš zināja, ka Dāvids nokļūs grūtā situācijā, ja Abners tiks nogalināts, un tomēr, viņš padevās emocijām.

Un vēl: kad Dāvida dēls Absalomons, sacēlās pret Dāvidu, tad Dāvids prasīja kareivjiem, kuriem bija jācīnās ar Absalomona cilvēkiem, lai tie ir žēlīgi pret viņa dēlu. Un Joābs, zinādams par viņa pavēli, vienalga nogalināja Absalomonu. Iespējams, ka ja Absalomons paliktu dzīvs, viņš beigu beigās, atkal saceltos pret tēvu, bet Joābs nepaklausot ķēniņa pavēlei, darbojās pēc paša personīgiem ieskatiem.

Lai arī Joābs grūtos brīžos vienmēr bija ar ķēniņu, izšķirošā momentā viņš ķēniņu neklausīja, un Dāvids viņam vairāk nevarēja uzticēties. Beigās Joābs sacēlās pret ķēniņu Sālamanu, Dāvida dēlu, un bija nodots nāvei. Tādēļ, ka arī šajā reizē, tā vietā, lai pildītu Dāvida gribu, viņš sagribēja iecelt par ķēniņu cilvēku, kurš pēc viņa domām, tam bija vairāk piemērots. Viņš kalpoja Dāvidam visu savu dzīvi, kļuva par cienījamu viņa līdzstrādnieku, bet pabeidza dzīvi kā dumpinieks.

Kad mēs darām Dieva darbu, daudz svarīgāk neparādīt ambīcijas, bet sekot Dieva gribai. Nav vērts parādīt uzticamību ejot pret Dieva gribu. Kad mēs darbojamies draudzē, mums arī nav jārealizē dzīvē personīgas idejas, bet jāseko aiz saviem līderiem. Tad ienaidnieks, velns un sātans, nevarēs izvirzīt pret mums nekādas apsūdzības, un mēs varēsim, beidzot, dot godu Dievam.

Būt uzticamiem visā Dieva namā.

Būt uzticamiem visā Dieva namā – nozīmē būt uzticamiem visos aspektos, kuriem ir kāda attieksme pret mums. Draudzē mums jāpilda visi savi pienākumi, pat ja mums daudz šo pienākumu. Bet, ja pat mums nav noteiktu pienākumu draudzē, tad viens no tiem – tas ir būt tur, kur mums kā draudzes locekļiem jābūt.

Ne tikai draudzē, bet arī darbā, skolā katram ir savi pienākumi. Tā kā, esot draudzes locekļiem, mums arī attiecīgi jāizturas pret saviem pienākumiem. Būt uzticīgiem visā Dieva namā – nozīmē pildīt savus pienākumus, lai pret kādu dzīves aspektu tie neattiektos: gan kā Dieva bērni, gan kā vadītāji vai draudzes locekļi, kā ģimenes locekļi, kompānijas līdzstrādnieki, studenti vai skolotāji skolā. Mums nav jābūt uzticamiem pildot tikai vienu vai divus uzdevumus un pie tam izvairoties no pārējiem. Mums jābūt uzticamiem visos aspektos.

Kāds var padomāt: „Bet es tak esmu viens, kā gan man būt uzticamam visās frontēs? " Tomēr, pēc tā mēra, kā mēs ieejam garā, mums kļūst arvien vieglāk un vieglāk būt uzticamiem visā Dieva namā. Un pat, ja mēs esam patērējuši pavisam nedaudz laika, mēs noteikti ievāksim augļus, ja esam sējuši garā.

Un vēl, tie, kas iegājuši garā, nemeklē pašu izdevīgumu un ērtības, bet vairāk rūpējas par citu interesēm. Viņi vispirms skatās uz lietām no citu ļaužu pozīcijas. Tādēļ tādi ļaudis pildīs visus savus pienākumus, pat ja viņiem nāksies upurēt sevi. Bez tam, mūsu sirdis būs piepildītas ar labprātību tādā mērā, kādā mēs būsim sasnieguši gara līmeni. Bet esot piepildīti ar labprātību, mēs nesāksim noslieties pie kaut kā viena. Tā ka, pat pie tā, ka mums liels daudzums pienākumu, ne pret vienu no tiem mēs neizturēsimies pavirši.

Rūpējoties par apkārtējiem, mēs izdarīsim visu iespējamo priekš tiem, pie tam ar vēlmi izdarīt vēl kaut ko vairāk. Tad cilvēki mums apkārt redzēs mūsu sirds patiesumu. Un, tad viņi nebūs vīlušies par to, ka ne vienmēr varat būt ar viņiem, bet visdrīzāk būs pateicīgi par to, ka jūs par viņiem rūpējaties.

Piemēram, vienai kalpotājai ir divi pienākumi: vienā grupā viņa ir līdere, bet citā – viņa ir vienkārši grupas locekle. Šajā gadījumā, ja viņa piepildīta ar labprātību un pienesusi uzticības augli, tad viņa ne pret vienu no šiem pienākumiem neizturēsies pavirši. Viņa nesāks teikt: „Manas grupas dalībnieki sapratīs manu problēmu, zinot, ka es esmu citas grupas līdere." Ja pat viņa nevarēs fiziski būt klāt, viņa tomēr varēs sniegt šai grupai kaut kādu palīdzību un atbalstu. Tādā veidā mēs varam būt uzticīgi visā Dieva namā, un mums būs miers ar visiem atkarībā no tā, cik mēs esam piepildīti ar labprātību.

Uzticība Dieva Valstībai un Viņa taisnībai.

Jāzeps bija pārdots verdzībā uz Potifara namu, kas bija faraona miesassargu priekšnieks. Un Jāzeps bija tik uzticīgs, ka izpelnījās Potifara uzticību, un tas uzticēja jaunajam vergam, visus darbus mājās un nepārbaudīja to, ko viņš darīja. Lieta tajā, ka Jāzeps, jūtot sava saimnieka sirdi, bija rūpīgs pat sīkumos.

Debesu Valstībai arī vajadzīgi daudz uzticami kalpotāji, tādi pat kā Jāzeps, lai strādātu pašos visdažādākajos apgabalos. Ja jūs, esot ar noteiktu uzdevumu, tik uzticami strādājat, ka jūsu vadītājam nemaz nav vajadzīgs jūs kontrolēt, tad cik gan varens spēks jūs būsiet priekš Dieva Valstības! Lūkas Evaņģēlijā 16:10, teikts: „Kas vismazākā lietā ir uzticams, tas arī lielās lietās ir uzticams, un kas vismazākā lietā ir netaisns, tas arī lielās lietās ir netaisns."

Jāzeps uzticīgi darbojās, ar ticību Dievam kalpojot savam zemes kungam. Dievs neuzskatīja šo darbu par veltu un padarīja Jāzepu par Ēģiptes premjerministru.

Es nekad nepieļāvu paviršību Dieva darbā. Es vienmēr lūdzos pa naktīm, vēl līdz baznīcas atvēršanai, bet pēc tam, kad bija dibināta draudze, es lūdzos no pusnakts līdz 4:00 no rīta pats, bet pēc tam vadīju lūgšanas sapulces, kuras sākās rītausmā, 5:00 no rīta. Tajā laikā, pie mums vēl nebija Daniela lūgšanu sapulces, kuras ir tagad un kuras sākas 9:00 vakarā. Mums nebija citu mācītāju vai šūniņu vadītāju, tādēļ man nācās pašam vadīt lūgšanu sapulces dienai austot. Un es ne reizi tās neizlaidu.

Bez tam, man vajadzēja gatavot sprediķus svētdienas dievkalpojumiem, un tāpat trešdienu kalpošanām un piektdienu vakaru dievkalpojumiem, pie tam apmeklējot arī dievvārdu semināru. Es nekad neuzliku savus pienākumus citiem, minot par iemeslu nogurumu. Pēc tam, kad es atgriezos no semināra, es rūpējos par slimajiem draudzes locekļiem, apmeklēju tos. Bija tik daudz slimo, kas atbraukuši no dažādām valsts pusēm! Katru reizi, apmeklējot draudzes locekļus, es viņiem atdevu visu savu sirdi un kalpoju tiem, pamācot tos garīgi.

Tajā laikā dažiem studentiem, lai nokļūtu baznīcā, vajadzēja braukt autobusos ar divām vai trīs pārsēšanās reizēm. Tagad mums baznīcā ir autobusi, bet tad to nebija. Bet man gribējās, lai studentiem būtu iespēja nokļūt draudzē, nerūpējoties par to, kā samaksāt par braucienu. Pēc dievkalpojuma es gāju aiz viņiem uz pieturu un devu tiem pietiekošu skaitu braukšanas žetonu vai biļetes, lai viņi varētu atbraukt uz baznīcu. Ziedojumu summa sastādīja tikai dažus desmitus dolāru, un šīs naudas bija redzami nepietiekoši, lai draudze par tiem parūpētos. Un es devu viņiem naudu no saviem personīgajiem ietaupījumiem.

Katru jaunu cilvēku, kas reģistrējās, kā mūsu draudzes loceklis es uzskatīju par vērtīgu dārgumu; es lūdzos par katru un kalpoju viņiem ar mīlestību, lai nezaudētu nevienu no tiem. Šī iemesla dēļ, neviens no tiem, kas reģistrējās draudzē tajā laikā, neaizgāja. Dabiski, draudze turpināja augt. Tagad, kad draudzē daudz locekļu, vai tas nozīmē, ka es esmu atdzisis? Protams, ka nē! Mana kvēle kalpot dvēselēm nekad nav nodzisusi.

Tagad mums ir vairāk kā 10.000 draudžu filiāļu visā pasaulē, un attiecīgi parādījušies daudz mācītāju, vecaju, vecāko diakonu un rajonu, apakšrajonu un šūniņu līderu. Un joprojām manas lūgšanas un mīlestība uz dvēselēm tikai palielinās.

Vai jūs neesat pārstājuši būt uzticami Dieva priekšā? Vai jūsu vidū nav tādu, kas pildīja Dieva dotos pienākumus, bet tagad ir bez nekādiem pienākumiem? Ja jūs pildāt tos pašus uzdevumus, ko arī pagātnē, tad vai jūsu kvēle pie savu pienākumu pildīšanas nav atdzisusi? Ja mūsu ticība būs patiesa, tad, jo nobriedušāka būs mūsu ticība, jo uzticīgāki Kungā jūs būsiet, strādājot priekš tam, lai Dieva Valstība paplašinātos un daudzas dvēseles saņemtu glābšanu. Un vēlāk, Debesīs mēs saņemsim daudz nenovērtējamu dāvanu!

Ja Dievs būtu gribējis uzticību tikai darbos, Viņam nevajadzētu radīt cilvēci, tādēļ ka Viņam ir neskaitāms daudzums debesu kareivju un eņģeļu, kuri bez ierunām paklausa Viņam. Bet Dievs negrib, lai viņam kāds bez ierunām kā robots pakļautos. Viņš gribēja, lai Viņam būtu bērni, kuri būtu uzticami Dievam savā mīlestībā, kas nāk no to siržu dziļumiem. Psalmos 100:6, teikts: „Manas acis raugās uz uzticīgiem zemē, ka tie paliek pie manis. Kas taisnus ceļus staigā, tie man kalpo."

Tie, kas atmetīs visas ļaunuma formas un būs uzticīgi visā Dieva namā, saņems svētību ieiet Jaunajā Jeruzalemē, kas ir pati brīnišķīgākā vieta Debesīs. Tādēļ es ceru, ka jūs kļūsiet tādi kalpotāji, kurus var salīdzināt ar Dieva Valstības balstiem un būsiet cienīgi saņemt godu atrasties blakus Dieva Tronim.

Mateja 11:29

„Ņemiet uz sevi Manu jūgu, mācaties no Manis, jo Es esmu lēnprātīgs un no sirds pazemīgs; tad jūs atradīsiet atvieglojumu savām dvēselēm,"

9. nodaļa

Lēnprātība

Lēnprātība saprot un pieņem daudz ļaužu

Garīgā lēnprātība, ko pavada augstsirdība

To raksturojums, kas pienesuši lēnprātības augli

Lai pienestu lēnprātības augli

Sagatavot labu augsni

Svētības lēnprātīgajiem

Lēnprātība

Lai, cik tas nebūtu dīvaini, bet daudzus ļaudis satrauc tas, ka viņi ir ļoti ātras dabas vai pretēji, depresīvi, ka viņiem pārāk noslēgts raksturs vai viņi pārāk sabiedriski. Kad kaut kas dzīvē sāk iet ne tā, daži to skaidro ar sava rakstura īpašībām, sakot: „Ko lai dara, lūk tāds cilvēks es esmu." Taču cilvēkus ir radījis Dievs, un mainīt tos Savā spēkā Viņam nav grūti.

Kādu reizi dēļ sava straujā rakstura Mozus nogalināja cilvēku, tomēr Dievs viņu izmainīja līdz tādai pakāpei, ka Pats nosauca viņu par lēnprātīgāko cilvēku uz zemes. Apustulim Jānim bija iesauka „pērkona dēls", taču Dieva spēks izmainīja to un viņš kļuva par „mīlestības apustuli."

Ja ļaudis tiecas atbrīvoties no ļaunuma un izkopt savas sirds lauku, tad pat tie no viņiem, kam raksturīga ātra daba, lielība vai egocentriskums var mainīties un izaudzēt sevī tādu īpašību, kā lēnprātība.

Lēnprātība saprot un pieņem daudzus cilvēkus.

Vārdnīca traktē „lēnprātību" kā vājumu, padevīgu un savaldīgu raksturu. Ļaudis bikli, kautrīgi sabiedrībā, kas nemāk parādīt sevi labākajā gaismā, dažiem šķiet lēnprātīgi. Pasaules ļaudis uzskata par lēnprātīgiem pat tos, kas izskatās naivi, labdabīgi dēļ savām zemajām intelektuālajām spējām.

Bet garīgā lēnprātība – tā nav vienkārši savaldība un maigums. Bet garīgi lēnprātīgam – nozīmē būt gudram un spējīgam atšķirt, kas ir pareizi un kas nav pareizi, un, tajā pat laikā, saprast un pieņemt visus, esot bez jebkāda ļaunuma sevī. Tādā veidā, būt lēnprātīgam garīgā izpratnē nozīmē būt augstsirdīgam kopā ar savaldīgu un maigu raksturu. Esot ar tādu labdabīgu augstsirdību, jūs nebūsiet vienkārši savaldīgs un maigs: kad tas būs vajadzīgs, jūs varēsiet palikt nelokāms.

Lēnprātīga cilvēka sirds – maiga kā kokvilna. Ja jūs iemetīsiet akmeni kokvilnas apkampienos vai durstīsiet to ar adatām, kokvilnas šķiedras vienkārši bez trokšņa aptvers šos priekšmetus. Tieši tāpat rīkojas arī garīgi lēnprātīgi ļaudis: neatkarīgi no tā, kā pret tiem izturas apkārtējie, viņi neizjūt pret tiem naidīgas jūtas. Tas ir, paciešot neērtības viņi nedusmojas, un paši cenšas nevienam neradīt diskomfortu.

Lēnprātīgie netiesājot un nenosodot saprot un pieņem visus. Ļaudis viņu klātbūtnē jūtas komfortabli, tādēļ daudzi nāk pie lēnprātīgajiem, lai iegūtu mieru. Viņi līdzīgi milzīgam kokam ar izplestiem zariem, pie kura atlido putni un sēžas uz tā zariem, lai atpūstos.

Mozus bija cilvēks, pret kuru Dievs bija labvēlīgs dēļ viņa lēnprātības. 4. Mozus, 12:3, teikts: „Mozus bija ļoti lēnprātīgs, lēnprātīgāks nekā visi citi cilvēki virs zemes."

Iziešanas laikos, Izraēliešu tautā, kas izgāja no Ēģiptes, tikai pieaugušo vīru skaits bija vairāk par 600 000. Bet, ja saskaitītu sievietes un bērnus, tad to skaits pārsniegs divus miljonus. Pārvaldīt tādu milzīgu skaitu ļaužu vienkāršam cılvekam – ļoti grūts uzdevums.

Īpaši ja ņem vērā, ka runa iet ne vienkārši par ļaudīm, bet par bijušajiem Ēģiptes vergiem, ļaudīm ar nocietinātām sirdīm. Ja jūs pastāvīgi sit, jūs dzirdat tikai rupjus un aizvainojošus vārdus un nodarbojaties ar vergu darbu, tad jūsu sirds negribot kļūst raupja un nocietinās. Šajā situācijā nav tik vienkārši pieņemt labestību sirdī un iemīlēt Dievu no visas sirds. Lūk, tādēļ ļaudis katru reizi kurnēja pret Dievu, neskatoties uz to, ka Mozus demonstrēja viņiem tādu lielu Dieva spēku.

Saduroties pat ar nelielām grūtībām, šie ļaudis sāka žēloties un kurnēt pret Mozu. Pat viens tāds fakts, ka Mozus veda aiz sevis pa tuksnesi tādus cilvēkus 40 gadus, jau pietiekami, lai saprastu, cik garīgi lēnprātīgs bija Mozus. Mozus sirds bija piepildīta ar garīgu lēnprātību, kura ir viens no Svētā Gara augļiem.

Garīgā lēnprātība kopā ar augstsirdību.

Vai kāds no jums ir sacījis par sevi tādus vārdus: „Es nedusmojos, es domāju, ka esmu lēnprātīgāks, nekā citi, bet tomēr es nesaņemu atbildes uz savām lūgšanām. Varbūt es nepietiekoši labi dzirdu Svētā Gara balsi?" Tādā gadījumā jums jāpārbauda: vai jūsu lēnprātība nav parasta pasaules lēnprātība? Ļaudis var uzskatīt jūs par lēnprātīgiem, ja jūs šķietat savaldīgi un mierīgi, bet tā ir tikai miesīga lēnprātība.

Dievs vēlas, lai mūsu lēnprātība būtu garīga. Būt garīgi lēnprātīgam nenozīmē būt vienkārši maigam un savaldīgam: garīgai lēnprātībai raksturīga ar labiem darbiem pavadīta augstsirdība. Kopā ar sirds maigumu jums vēl jāparāda augstsirdība, ko pavada labi darbi, priekš tā lai pilnībā izkoptu sevi garīgo lēnprātību. Kā piemēru var minēt cilvēku, kuram brīnišķīgs raksturs un apģērbts viņš atbilstoši savam raksturam. Pat, ja cilvēkam brīnišķīgs raksturs, bet viņš staigā pliks, bez drēbēm, tad viņa kailums būs viņam par apkaunojumu. Tieši tāpat nav pilnīga lēnprātība bez labiem augstsirdības darbiem.

Labiem darbiem pavadīta augstsirdība līdzīga drēbēm – tā piedod lēnprātībai spožumu, un tai nav nekā kopīga ar formalitāti vai liekulīgiem darbiem. Bet arī labi darbi vēl nerunā par to, ka jums piemīt labu darbu dāsnums, ja jūsu sirdī nav svētuma. Ja jūs vairāk sliecaties uz to, lai darbotos, nevis izkoptu savu sirdi, tad nav izslēgts, ka jūs pārstāsiet apzināties savus trūkumus un sāksiet kļūdaini domāt, ka jau esat pietiekamā mērā sasnieguši garīgo izaugsmi.

Bet pat šajā pasaulē ļaudīm, kuri tikai ārēji labi izskatās, taču neatšķiras ar labu raksturu, neizdosies iekarot ļaužu sirdis. Tāpat arī ticībā: bez jēgas fokusējoties uz ārišķīgiem darbiem, nekultivējot sevī iekšējo skaistumu.

Piemēram, kādi ļaudis izturas cienījami, bet vienlaicīgi viņi augstprātīgi nosoda tos, kas dzīvo ne tā kā viņi. Viņi var tāpat uzstāt uz savu personīgo taisnīgumu standartu, pie tam domājot: „Kāpēc gan viņiem neizdarīt to tieši tā, jo tā taču ir pareizi?" Viņi var runāt patīkamus vārdus, dot padomus, taču savā sirdī viņi nosoda citus aiz pašu paštaisnības un nepatikas jūtām pret cilvēkiem. Viņi nevienu nevarēs mierināt. Pie tādām personām negribas tuvoties, lai nepieviltos un netaptu sarūgtināti.

Ļaunums un paštaisnība piespiež kādus cilvēkus dusmoties un

sašust. Bet viņi saka, ka tās – „taisnas dusmas" un tās dod citiem labumu. Taču tie, kas spējīgi uz augstsirdīgiem labiem darbiem, ne pie kādiem apstākļiem neizjauks mieru

Ja jūs patiesi gribat pienest pilnīgus Svētā Gara augļus, tad jūs nevarat glabāt ļaunumu savā sirdī, slēpjot to aiz pieklājīga ārējā izskata. Ja jūs to darāt, tad jūs vienkārši radāt pieklājīgu šķietamību apkārtējiem. Jums pastāvīgi sevi jāpārbauda, vai jūs sekojat jūsu izvēlētajam labajam ceļam.

To raksturojums, kas pienesuši lēnprātības augli.

Satiekoties ar tiem, kas atšķiras ar lēnprātību un sirds plašumu, ļaudis salīdzina viņu sirdis ar okeānu. Okeāns uzņem sevī netīros ūdeņus no upēm un strautiem un tos attīra. Ja mēs izveidosim plašu un pazemīgu sirdi, līdzīgu okeānam, tad varēsim pievest dvēseles, kas grēku aptraipītas, uz glābšanas ceļa.

Ja mēs atšķiramies pēc ārējās augstsirdības un iekšējās pazemības, tad mēs varēsim iekarot daudzu ļaužu sirdis un paveikt daudz labus darbus. Ļaujiet pievest dažus piemērus, kas parāda, kādas īpašības raksturīgas tiem, kas pienes lēnprātības augli.

Pirmkārt, viņi uzvedas savaldīgi, ar pašcieņu.

Ļaudīm nav saprotami tie, kas izskatās it kā būtu savaldīgi, bet īstenībā izrādās vienkārši neizlēmīgi. Tādēļ tie var izturēties pret viņiem augstprātīgi un pat izmantot tos. Vēsturē bijuši ķēniņi, kuriem bija lēnprātīgs raksturs, bet viņiem pietrūka labo augstsirdības darbu, tādēļ viņu valstīs nebija stabilitātes. Laikam paejot, novērtējot šos karaļus, ļaudis uzskatīja tos nevis par lēnprātīgiem, bet visdrīzāk, par rīcības nespējīgiem un neizlēmīgiem.

Pretēji viņiem bija arī tādi ķēniņi, kuri atšķīrās ar sirsnīgu un savaldīgu raksturu, kam pievienota gudrība un labas īpašības. Tādu ķēniņu vadībā valstī tika nodrošināta stabilitāte un padotie dzīvoja mierīgi. Ļaudīm, kuriem raksturīga lēnprātība un augstsirdīgi labi darbi, pareizi spriešanas standarti. Viņi, skaidri atšķirot pareizo no nepareizā, dara taisnus darbus.

Kad Jēzus attīrīja templi un pārmeta farizejiem un rakstu mācītājiem liekulību, Viņš bija pret tiem bargs un skarbs. Viņam bija lēnprātīga sirds, kura „ielūzušu niedri nesalauzīs un kvēlojošu dakti nenodzēsīs" un tomēr, Viņš izteica diezgan skarbus pārmetumus, kad tas bija nepieciešams. Ja jums ir tamlīdzīga pašcieņa un taisnīgums sirdī, tad ļaudis neskatīsies uz jums no augšas, pat pie tam, ka jūs nekad nepacelsiet uz viņiem balsi un nebūsiet bargi pret viņiem.

Cilvēka ārējais izskats arī parāda, cik viņa manieres līdzīgas Kunga manierēm, un, kā viņš māk izturēties. Labdarīgiem ļaudīm ir pašcieņa, autoritāte un jēga vārdos; viņi neizrunā neapdomātus, bezjēdzīgus vārdus. Viņi apģērbj apģērbu, kas piemērots situācijai. Viņu sejas mīmika savaldīga, tomēr vienlaicīgi sejas viņiem nav rupjas un aukstas.

Pieņemsim, ka cilvēkam – nav sakopti mati, nevīžīgs apģērbs

un nepiedienīgs izskats. Pieņemsim, ka pie tā viņš vēl mīl jokot un runāt par bezjēdzīgām lietām. Visdrīzāk tādam cilvēkam būs grūti iegūt apkārtējo uzticību un cieņu. Ļaudīm nez vai gribēsies, lai tāds cilvēks atvērtu viņiem savus apkampienus.

Ja Jēzus visu laiku jokotu, tad Viņa mācekļi arī mēģinātu jokojot atbildēt. Bet, kad Jēzus sāktu viņiem mācīt kaut ko nopietnu, tad viņi tūlīt pat sāktu ar viņu strīdēties un uzstāt uz savu viedokli. Bet viņi neuzdrošinājās to darīt. Pat tie, kas nāca pie Viņa, lai pastrīdētos, nevarēja ar Viņu strīdēties, redzot Viņa cildenumu. Jēzus vārdos un darbos vienmēr bija jēga, svars un cieņa, tādēļ cilvēki nevarēja attiekties pret Viņu ar vienaldzību.

Protams, reizēm priekšnieks var pajokot ar padotajiem, lai paceltu viņu noskaņojumu. Taču, ja padotie ļauni izsmej cits citu, tad tas nozīmē, ka starp tiem nav savstarpējas sapratnes. Un ja vadītājs negodīgs, izskatās izklaidīgs, tad viņš nevar izraisīt padoto uzticību. Ļaudīm, īpaši tiem, kas ieņem vadošās pozīcijas kompānijās, jābūt godīgiem un jāseko savai valodai un uzvedībai.

Tam, kas atrodas organizācijas vadībā, jārunā ar padotajiem pieklājīgā formā, ar cieņu; bet reizēm, ja padotais izrāda uzsvērti paaugstinātu cieņu pret priekšnieku, tad priekšnieks var sākt kontaktēties ar viņu parastā manierē, bez uzsvērtas pagodināšanas, lai padotais sajustos brīvāk un viņam būtu vienkāršāk atvērt savu sirdi. Taču, ja priekšnieks nepiespiesti kontaktējas ar padoto, tas nenozīmē, ka tie var skatīties uz viņu no augšas, strīdēties ar viņu un nepildīt viņa rīkojumus.

Vēstulē Romiešiem 15:2, teikts: „Ikviens mūsu starpā, lai dzīvo par patiku savam tuvākajam, viņam par labu, lai to celtu." Bet vēstulē Filipiešiem 4:8, teikts: „Beidzot vēl, brāļi, kas vien ir patiess, kas svēts, kas taisns, kas šķīsts, kas patīkams, kam laba slava, ja ir kāds tikums un ja ir kas cildināms par to domājiet."

Tie, kuros ir tieksme uz labiem darbiem, kas augstsirdīgi, būs godīgi visā, un viņi arī vienmēr ņems vērā citu ļaužu viedokli, dodot tiem iespēju justies komfortabli.

Otrkārt, lēnprātīgie, būdami ar plašu sirdi, parāda žēlsirdību un līdzjūtību darbos.

Viņi palīdz ne tikai tiem, kam ir finansiālas grūtības, bet arī tiem, kas iztukšojušies un kļuvuši vāji garīgi. Bet pat ar visu savu lēnprātību ļaudīm grūti izdot Kristus labo aromātu, ja lēnprātība paliek tikai viņu sirdīs.

Pieņemsim, kristiete piedzīvo vajāšanas par savu ticību. Draudzes līderi, par to uzzinājuši, jūt viņai līdzi, lūdzas par viņu. Bet tādā gadījumā, viņi – līderi, kuri jūt līdzi tikai savā sirdī. Bet mēdz būt arī cita tipa līderi, kuri sāks uzmundrināt un mierināt viņu un viņai palīdzot, darīs konkrētus darbus, atbilstoši viņas situācijai.

Tādā veidā, ir starpība starp mācēt līdzi just sirdī un spēju darbos parādīt praktisku palīdzību cilvēkam, kas sadūries ar problēmām. Kad lēnprātība, iemājojusi augstsirdīgos darbos, kļūst redzama, tā var atnest svētību citu dzīvēs. Tādēļ Bībeles vārdiem: „Svētīgi lēnprātīgie, jo tie iemantos zemi", (no Mateja 5:5), tāpat ir sakars arī ar uzticību, kura parasti ir īstas augstsirdības rezultāts. Ar „iemantos zemi" tiek domātas Debesu balvas. Parasti starp Debesu balvām un uzticamību ir tiešs sakars. Kad draudze apbalvo jūs ar goda balvu, atzinības nozīmīti vai balvu par evaņģelizāciju, tad tas ir jūsu uzticības parādītais rezultāts.

Tādēļ lēnprātīgie saņems svētības, bet ne tikai par pašu lēnprātību, kura nāk no sirds. Kad sirds lēnprātība tiek apstiprināta ar labiem un augstsirdīgiem darbiem, tad lēnprātīgie var pienest uzticības augli. Un tā rezultātā viņi saņems balvas. Un tieši, ja jūs spējat augstsirdīgi pieņemt un saprast daudzas dvēseles, varat tās uzmundrināt un mierināt, piepildot tās ar dzīvību, tad pateicoties tādiem darbiem, jūs mantosiet zemi.

Lai pienestu lēnprātības augli.

Tad, kā gan mēs varam pienest lēnprātības augli? Viennozīmīgi sakot, priekš tā mums jāizkopj sava sirds, lai tā kļūtu par labu zemi.

„Un Viņš uz tiem daudz runāja līdzībās un sacīja: redzi, sējējs izgāja sēt. Un viņam sējot, cita sēkla krita ceļmalā; un putni nāca un to apēda. Un cita krita uz akmenāja, kur tai nebija daudz zemes; un tā tūlīt uzdīga, tāpēc ka tai nebija dziļas zemes. Bet, kad saule uzlēca, tad tā savīta un nokalta, tāpēc ka tai nebija saknes. Bet cita iekrita ērkšķos, un ērkšķi uzauga un to nomāca. Bet cita krita labā zemē un nesa augļus, cita simtkārtīgus, cita sešdesmit kārtīgus, cita trīsdesmit kārtīgus," (Mateja 13:3-8).

Mateja Evaņģēlija 13. nodaļā mūsu sirds tiek salīdzināta ar četriem zemes tipiem. Tā iedalās ceļmalas zemē, akmeņainā zemē, ērkšķiem aizaugušā un labā zemē.

Sirdij, kas salīdzināta ar ceļmalas zemi, jākļūst mīkstākai un jāatbrīvojas no paštaisnības un ierobežotajiem savas domāšanas rāmjiem.

Zemi pie ceļa nobradā cilvēki, tāpēc tā kļūst cieta. Tā kā, ja pat tajā iesēs sēklas, tās nesāks augt. Sēklas nevar ielaist saknes un tās noēdīs putni. Ļaudis ar tādām sirdīm parasti ļoti ietiepīgi. Viņu sirdis aizslēgtas priekš patiesības, tādēļ viņi nevar satikties ar Dievu un tiem nav ticības.

Viņu personīgās zināšanas un vērtību sistēma tik cieti nostāvējusies, ka tie nevar pieņemt Dieva Vārdu. Viņi cieši pārliecināti par savu pašu taisnību. Lai atbrīvotos no paštaisnības un ierobežotajiem pašu domāšanas rāmīšiem, tiem vispirms jālikvidē ļaunums savā sirdī. Un ļoti grūti atbrīvoties no paštaisnības un ciešajiem pašu domāšanas rāmjiem, paliekot lepniem, augstprātīgiem, ietiepīgiem un melīgiem. Šīs sliktās īpašības rada cilvēkā miesīgas domas, kuras neļauj tiem ticēt Dieva Vārdam.

Piemēram, tie, kuru apziņa piepildīta ar meliem, vienmēr šaubās par to, ka citi runā patiesību. Vēstulē Romiešiem 8:7, teikts: „Jo miesas tieksmes ir naidā ar Dievu: tā neklausa Dieva likumam, jo tā to nespēj." Viņi, kā šeit uzrakstīts, nevar pateikt „āmen" Dieva Vārdam un tam paklausīt.

Kādi stūrgalvīgi ļaudis, saņēmuši labu, atjauno savu domāšanu un kļūst dedzīgi ticībā. Tā notiek ar tiem, kas no izskata šķiet skarbi, bet īstenībā, iekšā sirds viņiem maiga un lēnprātīga. Taču cilvēki, kuru sirdis atgādina zemi pie ceļa, pavisam citādi. Viņiem sirdis arī sacietējušas. Sirds, kas sacietējusi no ārpuses, līdzīga – kā apņemta ar plānu ledus kārtiņu, bet sirdi, kā ceļmalas zemi var salīdzināt ar baseinu, kurā viss ūdens līdz pašam dibenam, pārvērties par ledu.

Tā kā sirds, kuras augsne tikpat cieta kā ceļmalas zeme, ilgu laiku nocietinājās no nepatiesības un ļaunuma, tā nekļūs mīksta pa neilgu laiku. Nāksies irdināt to vēl un vēl, lai iekoptu. Katru reizi, kad šiem ļaudīm Dieva Vārds nesakrīt ar viņu personīgām domām, viņiem nākas padomāt par to, vai patiešām viņu domas pareizas. Un arī jādara labi darbi, lai Dievs varētu atalgot viņus par to ar labu.

Gadās, ka kādi ļaudis lūdz lūgties par to, lai viņiem būtu ticība. Žēl protams, ka pat kļūstot par Dieva spēka lieciniekiem un tik bieži klausoties Dieva Vārdu, viņi nevar sākt ticēt. Un tomēr, tas ir labāk, nekā necensties vispār. Ja cilvēku sirdis tik cietas, kā ceļmalas zeme, tad viņu ģimenes locekļiem un draudžu vadītājiem jālūdzas par viņiem un jāaprūpē tos, tomēr ļoti svarīgi, lai arī paši viņi pieliktu noteiktas pūles. Tad kādā momentā Vārda sēkla sāks augt viņu sirdīs.

Sirdij, kas līdzīga akmeņainai vietai, jāatmet mīlestība uz pasauli.

Ja jūs sēsiet sēklas akmeņainā zemē, tad tās dos asnus, bet pēc tam akmeņi traucēs tām izaugt. Tas pats notiek arī ar tiem, kam sirds līdzīga akmeņainām vietām. Viņi tūlīt pat kritīs zem kārdināšanu, vajāšanu vai iekāres spiediena.

Saņēmuši Dieva labvēlību, viņi jūt vēlmi sākt dzīvot pēc Dieva Vārda. Viņu dzīvē var notikt ugunīgi Svētā Gara darbi. Var teikt, ka Vārda sēkla iekritusi Viņu sirdīs un devusi asnus. Taču, pēc tam kad viņi saņēma labu un jau bija sagatavojušies iet svētdien uz baznīcu, viņus var piemeklēt pretrunīgas domas. Viņi, neapšaubāmi, piedzīvoja Svētā Gara klātbūtni savā dzīvē, tomēr tagad viņi sākuši šaubīties, domājot, vai tas nebija vienkārši emocionāla pacēluma moments. Viņiem parādās šaubu radītas domas, un tad viņi no jauna aizver savas sirds durvis.

Citiem ļaudīm konflikts rodas tādēļ, ka viņi nevar šķirties no savas aizraušanās vai paraduma izklaidēties brīvdienās, tādēļ viņi nesvēta Kunga Dienu. Ja ģimenes locekļi vai vadītāji darbā sāks vajāt tos par Gara piepildītu dzīvi ticībā, viņi pārstās apmeklēt draudzi. Saņēmuši daudz laba no Dieva, viņi kādu laiku it kā deg dzīvojot ticībā, bet, ja viņiem rodas problēmas ar citiem draudzes apmeklētājiem, viņi var apvainoties un no draudzes aiziet.

Kur tad ir iemesls tam, ka Vārda sēkla nav laidusi saknes? Iemesls – akmeņos, kuri atrodas sirdī. Sirds miesa simboliski attēlota kā akmeņi; tie arī ir tā nepatiesība, kura traucē paklausīt Vārdam. Daudzu patiesībai naidīgu faktoru skaitā, šie akmeņi ir sacietējumi, kuri neļauj Vārdam iesakņoties viņu sirdī. Ja runātu konkrētāk, tad tas – sirds miesa, kas mīl pasauli.

Ja viņi mīl pasaulīgas izpriecas, tad tiem grūti pildīt Vārdu, kas tiem pavēl: „Ievēro Sabata dienu, lai svētītu to." Un vēl: kuru sirdīs ir alkatības sacietējumi, tie neies uz baznīcu tādēļ, ka viņiem nepatīk dot desmito un ziedot Dievam. Dažiem cilvēkiem ir naida sacietējumi sirdī, tādēļ mīlestības vārdi viņos neiesakņojas.

Starp tiem, kas regulāri apmeklē draudzi, arī ir tādi, kuru sirdis līdzīgas akmeņainām vietām. Piemēram, neskatoties uz to, ka viņi dzimuši un uzauguši kristīgās ģimenēs, un no bērnības mācījušies Vārdu, viņi nedzīvo pēc Vārda. Reizēm viņi sajūt Svētā Gara klātbūtni un uzņem labu, tomēr viņi neatmet savu mīlestību uz pasauli. Klausoties Vārdu, viņi domā par to, ka viņiem nevajadzētu dzīvot tā, kā viņi tagad dzīvo, bet atnākot mājās, viņi no jauna atgriežas pasaulē. Viņi dzīvo stāvot ar vienu kāju Dieva pusē, bet ar otru – pasaulē. Pateicoties Vārdam, ko viņi dzirdējuši, viņi neatstāj Dievu, taču viņiem sirdī, tāpat kā iepriekš, daudz akmeņu, kuri neļauj Vārdam ielaist tajā saknes.

Sastopama arī zeme, kura tikai vietām akmeņaina. Piemēram, kādi cilvēki ļoti uzticīgi pieņemtajiem lēmumiem un tos nemaina. Viņi pienes kādus noteiktus augļus. Bet viņiem sirdī ir dusmas un viņi jebkura iemesla dēļ stājas konfliktos ar citiem. Bez tam, viņi tiesā un nosoda ļaudis izjaucot mieru, lai kur viņi nebūtu. Šī iemesla dēļ, pat pēc daudziem gadiem, viņi nepienes mīlestības vai lēnprātības augli. Citiem – lēnprātīga un laba sirds. Viņi uzmanīgi, ar sapratni attiecas pret apkārtējiem, tomēr pastāvība nav viņiem raksturīga. Viņi viegli pārkāpj savus solījumus un pret daudz ko attiecas bezatbildīgi. Tādēļ tiem nepieciešams tikt galā ar saviem trūkumiem, iekopjot savas sirds zemi, lai tā kļūtu par labu augsni.

Kas vajadzīgs, lai uzirdinātu akmeņainas vietas?

Pirmkārt, mums centīgi jāpilda Vārds. Daži ticīgie cenšas izpildīt savus pienākumus, paklausīgi sekojot Vārdam, kurš liek mums būt uzticamiem. Bet izrādās, ka tas nav tik vienkārši, kā viņiem licies.

Kad cilvēks bija parasts draudzes apmeklētājs un tam nebija ne titulu, ne pienākumu, citi ticīgie kalpoja viņam. Taču tagad, kad ir pienākumi draudzē, viņam jākalpo citiem apmeklētājiem. Nav izslēgts, ka viņš to cenšas darīt, bet viņš var slēpt dusmas pret tiem, kas ne pilnībā piekrīt viņu darba metodēm. Naidīgās jūtas, tajā skaitā sašutums un ātras dusmas, nāk no viņu sirds. Viņam pakāpeniski pazūd Svētā Gara pilnība, un viņš pat sāk domāt par to, lai atteiktos no saviem pienākumiem.

Šīs ļaunās jūtas arī ir akmeņi, no kuriem jāattīra savs sirds lauks. Tie ir atlūzas no liela akmens, kas saucas „ienaids". Kad cilvēks cenšas parādīt paklausību Vārdam būt uzticīgs, viņš uzduras akmenim, kas saucas „ienaids". Atklājot to, viņam jāpieliek visas pūles tam, lai atbrīvotos, no šī akmens, kura vārds – „ienaids". Tikai tad viņš varēs paklausīt Vārdam, kas saka mums mīlēt un turēt mieru ar visiem. Un vēl: viņam nav jāpadodas tikai tādēļ, ka viņam grūti, viņam vēl cītīgāk un dedzīgāk jāpilda savi pienākumi. Tā viņš var mainīties un kļūt vēl lēnprātīgāks darbinieks.

Otrkārt, mums no sirds jālūdzas, praktizējot Dieva Vārdu. Kad līst lietus, zeme kļūst mitra un mīksta. Šajā laikā vislabāk attīrīt akmeņus. Kad mēs lūdzamies, mēs piepildāmies ar Garu un mūsu sirdis mīkstinās. Ja mēs lūdzoties piepildījāmies ar Svēto Garu, tad mums nav jālaiž garām šī izdevība. Pēc iespējas ātrāk jāaizvāc akmeņi. Tas nozīmē, mums tūlīt pat praktiski jādara tas, ko agrāk mums izdarīt neizdevās. Turpinot vingrināties tajā atkal un atkal, mēs varēsim izkustināt no vietas un atbrīvoties pat no pašiem lielākajiem akmeņiem. Kad mēs saņemsim labvēlību un spēku, ko Dievs dāvā mums no Augšienes, un saņemsim Svētā Gara pilnību, tad mēs varēsim atbrīvoties no grēkiem un ļaunuma, no kuriem ar saviem spēkiem mēs atbrīvoties nespētu.

Zeme, kas klāta ērkšķiem, nenes augļus dēļ pasaulīgām rūpēm un bagātības vilinājuma.

Ja mēs iesēsim sēklas ērkšķainā zemē, tad tās uzdīgs un,

iespējams, pat izaugs, bet tās nenesīs augļus. Tieši tāpat arī tie, kam sirdis līdzīgas ērkšķainām vietām, tic un cenšas praktiski pildīt vārdu, kas viņiem dots, tomēr līdz galam pielietot Vārdu praktiski viņi nevar. Iemesls – pasaulīgas rūpes un bagātības vilinājums, ar ko domātas slāpes pēc naudas, slavas un varas. To dēļ viņi iet caur ciešanām un pārbaudījumiem.

Tādi ļaudis pastāvīgi norūpējušies par mājas darbiem, biznesu, rītdienas pienākumiem darbā, un viņi par to domā pat atnākot uz baznīcu. Viņiem, kā liekas, vajadzētu saņemt mierinājumu un jaunus spēkus, apmeklējot dievkalpojumus baznīcā, bet viņos tikai pieaug rūpes un nemiers. Un tad, neskatoties uz to, ka viņi pavadījuši baznīcā ne vienu vien svētdienu, viņi tā arī nav piedzīvojuši patiesu mieru un prieku, svētījot Kunga Dienu. Ja viņi svētītu Kunga Dienu pa īstam, tad viņu dvēsele uzplauktu un viņi saņemtu garīgu un finansiālu svētību. Tādēļ tiem nepieciešams atbrīvoties no ērkšķiem un pa īstam pildīt Vārdu, lai viņu sirdis kļūtu par labu zemi.

Kā gan mums iekopt ērkšķainu zemi?

Mums jāiznīdē ērkšķi ar visu sakni. Ērkšķi simbolizē miesīgas domas. To saknes ir ļaunuma un miesīgu sirds īpašību simbols. Bet ļaunums un miesīgas sirds īpašības ir miesīgu domu avots. Ja krūmam apgrieztu tikai zarus, tad tie drīzumā ataugs atkal. Līdzīgas tiem arī mūsu domas. Ja mēs vienkārši pieņemsim lēmumu būt bez miesīgām domām, mēs nevarēsim tās apturēt līdz tam laikam, kamēr mūsu sirdī ir ļaunums. Mums jāiznīdē miesa no sirds ar visām saknēm.

Mēs varēsim lielā mērā izravēt miesu no mūsu sirds, ja liela daudzuma citu sakņu skaitā, atbrīvosimies no saknēm, kas saucas skopums un augstprātība. Mēs esam piesaistīti pie pasaules, un satraucamies par pasaules lietām, tādēļ ka mūsos ir alkatība uz miesīgām lietām. Tādēļ mēs vienmēr domājam par to, kas mums būs izdevīgi un ejam uz mērķi pa savu ceļu, lai arī, to darot, mēs apgalvojam, ka dzīvojam pēc Dieva Vārda. Un, ja mēs esam augstprātīgi, tad mēs nespēsim parādīt pilnīgu paklausību. Mēs pielietojam miesīgu gudrību un savas miesīgās domas, tādēļ ka esam pārliecināti par to, ka paši spējam kaut ko izdarīt. Un, starp citu, pirmais, ko nepieciešams pasākt, - tas ir iznīdēt alkatības un augstprātības saknes.

Iekopt labu zemi.

Kad sēklas tiek sētas labā zemē, tās dod asnus un aug, nesot augļus 30, 60 un 100 reizes vairāk par iesēto. Tie, kam tāda sirds, ir bez augstprātības un domāšanas rāmju ierobežojumiem, kuri raksturīgi ļaudīm ar sirdīm kā ceļmalas zeme. Viņos nav nekādu akmeņu vai ērkšķu, viņi paklausa Dieva Vārdam, sakot tikai „jā" un „āmen".

Un tā viņiem izdodas pienest bagātīgus augļus.

Protams, ka tas nav viegli – nodalīt ceļmalas zemi, akmeņainu zemi, ērkšķus un labu zemi tik precīzi, it kā mums būtu tam mērāmā iekārta. Sirdī, līdzīgai ceļmalas zemei, var gadīties akmeņi. Un pat labā zemē augšanas procesā var piemaisīties kāda noteikta nepatiesība, akmeņu izskatā. Bet neatkarīgi no tā, kāds ir lauks, mēs varam pārvērst to labā zemē, centīgi iekopjot to. Tieši tāpat svarīgi nav tas, kāds ir mūsu sirds lauks. Svarīgāk, cik cītīgi mēs iekopjam to.

Pat pilnīgi neauglīga zeme var pārvērsties auglīgā zemē, ja fermeris centīgi to iekops. Tāpat ari cilvēka sirds tīrums. Dieva spēks var to pārmainīt. Un pat sirdis, kas sacietējušas kā ceļmalas zeme, var tikt uzartas ar Svētā Gara palīdzību.

Protams, ja mēs esam saņēmuši Svēto Garu, tas nenozīmē, ka mūsu sirdis automātiski izmainīsies. Mums arī jāpieliek pie tā savas pūles. Mums karsti jālūdzas, jādomā par visu tikai patiesībā un jācenšas praktiski dzīvot patiesībā. Cenšoties tā dzīvot dažu nedēļu vai pat mēnešu laikā, mums nav jāpadodas.

Sava cenšanās jāturpina.

Dievs ņem vērā mūsu pūles, pirms dod mums Savu labvēlību, spēku un Svētā Gara palīdzību. Ja mēs atcerēsimies par to, kas tieši mums vajadzīgs izmainīt un, ja pateicoties Dieva spēkam un labvēlībai un tāpat ar Svētā Gara palīdzību, mēs patiešām izmaināmies savu raksturu, tad pēc gada mēs stipri būsim mainījušies. Mēs runāsim tikai labus vārdus, kas atbilst patiesībai, mūsu domas mainīsies un mēs sāksim domāt patiesībā.

Pēc tā mēra kā mēs iekopsim mūsu sirds zemi labā augsnē, mūsos sāks dzimt Svētā Gara augļi. Vienlaicīgi lēnprātībai ir tieša attieksme pret mūsu sirds lauka iekopšanu. Ja mēs neatbrīvosimies no nepatiesības, un tieši - no ātrām dusmām, ienaida, skaudības, alkatības, strīdiem, lielības un paštaisnības, tad kļūt lēnprātīgi mēs nevarēsim. Un tad citas dvēseles neatradīs pie mums mierinājumu.

Šī iemesla dēļ lēnprātība daudz vairāk saistīta ar svētumu, nekā citi Svētā Gara augļi. Mēs varēsim daudz ātrāk saņemt to, par ko mēs lūgšanā lūdzam, līdzīgi labai zemei, kas dod augļus, ja izkopsim sevī lēnprātību. Mēs tāpat varēsim skaidri dzirdēt Svētā Gara balsi, lai saņemtu vadību ceļā uz panākumiem visā.

Svētības lēnprātīgajiem.

Nav vienkārši vadīt kompāniju, kurā strādā simtiem darbinieku. Pat ja jūs izvēlējās par grupas līderi kopīgā balsojumā, vadīt visu grupu nebūs vienkārši. Lai jūs varētu apvienot ļaudis, jums ar savu lēnprātību jānoskaņo labvēlīgi pret sevi viņu sirdis.

Protams, ļaudis var sekot aiz tiem, kam šajā pasaulē ir vara, kas bagāti un palīdz trūcīgajiem. Tomēr korejiešu paruna saka: „Kad nomirst ministra suns, asaras līst straumēm, bet, kad nomirst pats ministrs, tad neviens necieš." Šī paruna saka mums par to, ka mēs varam noteikt, vai cilvēks būs patiešām dāsns, kad viņš zaudēs varu un bagātību. Kad cilvēks bagāts un ar ietekmi, tad viņam daudz piekritēju, tomēr grūti atrast tādu, kas paliks ar viņu līdz galam, ja viņš zaudēs varu un bagātību.

Taču aiz tā, kas dara labus darbus un ir augstsirdīgs, sekos daudzi ļaudis, pat, ja viņam atņemtu varu un naudu. Viņi sekos aiz tā, nevis aiz merkantiliem apsvērumiem, bet tādēļ, ka viņi atrod viņā mierinājumu.

Pat draudzē daži līderi žēlojas par to, cik tiem grūti pieņemt un saprast pat nelielu cilvēku skaitu, vienas šūniņas dalībniekus. Ja viņi grib atmodu savā grupā, tiem vispirms jāizkopj lēnprātība paša sirdī, lai tā kļūtu maiga, kā vate. Tad šūniņas locekļi atradīs savos līderos mierinājumu, baudīs mieru un laimi un tam automātiski sekos atmoda. Mācītājiem un kalpotājiem jābūt ļoti lēnprātīgiem un spējīgiem pieņemt daudzas dvēseles. Lēnprātīgiem sagatavotas svētības. Mateja Evaņģēlijā 5:5, teikts: „Svētīgi lēnprātīgie, jo tie iemantos zemi."

Kā jau iepriekš teikts, mantot zemi, nenozīmē saņemt zemi īpašumā uz šīs zemes. Tas nozīmē, ka mēs saņemsim zemi Debesīs, un tās izmērs atkarīgs no tā, cik mēs esam izkopuši lēnprātību savā sirdī. Mūsu māja Debesīs būs tik liela, ka mēs varēsim ielūgt pie sevis ciemos katru dvēseli, kas atradusi mūsos mieru.

Tik liela mājvieta Debesīs arī parāda mūsu godpilno stāvokli. Pat ja mums ir liels zemes īpašums šeit, uz zemes, mēs nevaram paņemt to sev līdzi uz Debesīm. Bet zeme, kuru mēs saņemsim Debesīs, izkopuši lēnprātīgu sirdi, būs mūsu mantojums, kurš nezudīs mūžam. Mēs baudīsim mūžīgu laimi kopā ar Kungu un tiem, kurus mēs mīlam.

Tātad, es ceru, jūs cītīgi izkopsiet savu sirdi, lai pienestu brīnišķu lēnprātības augli un mantotu tādu pat plašu zemes apgabalu Debesu Valstībā kā Mozus.

1. vēstule Korintiešiem 9:25

„*Kas piedalās sacīkstēs, tas ir visādi atturīgs,- viņi tāpēc, lai dabūtu iznīcīgu vainagu, bet mēs neiznīcīgu,*"

Pret tādām lietām nav bauslības

10. nodaļa

Atturība

Atturība nepieciešama visos dzīves aspektos
Atturība galvenā Dieva bērnu īpašība
Atturība pilnveido Svētā Gara augļus
Kas liecina par to, ka pienests atturības auglis
Ja jūs gribat pienest atturības augli

Atturība

Maratona distances garums 42,195 km (26 jūdzes un 385 jardi). Skrējējiem jāaprēķina savi spēki, lai tiktu līdz finiša līnijai. Tas nav īsas distances noskrējiens, kuram tuvs finišs, tādēļ viņiem nav vienkārši jāskrien uz labu laimi maksimāli lielākā ātrumā. Visas distances garumā viņiem jāpieturas pie stabila ritma, un, kad pienācis piemērots moments, tiem jāmobilizē visa sava enerģija pēdējam izrāvienam.

Tas pats princips piemērojams arī mūsu dzīvei. Skrienot savu skrējienu ticībā, mums paliekot pastāvīgiem līdz galam, jānotur uzvara pār sevi. Bet tiem, kuri grib saņemt slavas vainagu Debesu Valstībā, jātrenējas atturībā visā.

Atturība nepieciešama visos dzīves aspektos.

Vērojot šo pasauli mēs varam redzēt, ka tie kas nevar atturēties, sarežģī savu dzīvi un rada citiem grūtības. Piemēram, ja vecāki pārāk mīl savu dēlu un to lutina, jo viņš vienīgais bērns, tad tas var viņu sabojāt. Ļaudis, kuri kļuvuši atkarīgi no aizraušanās ar azartspēlēm vai cita veida izklaidēm, zinādami, ka jārūpējas par savām ģimenēm, rezultātā tās sagrauj, tādēļ ka nespēj sevi kontrolēt. Viņi saka: „Viss, tā ir pēdējā reize. Es vairāk to nedarīšu"; tomēr „pēdējā reize atkārtojas atkal un atkal.

Ievērojamā vēsturiskā romāna „Trīsvaldība" varonis Čžans Fejs pilns mīlestības un drosmes, bet pie tam viņš ir arī ātras dabas un agresīvs. Lū Bejs un Guans Jū, kuri zvērēja viņam savas brāļa jūtas, vienmēr satraucās par to, ka jebkurā momentā viņš var izdarīt kļūdu. Čžans Fejs dzirdēja daudz padomus, tomēr izmainīt savu raksturu tā arī nevarēja. Beigu beigās, savas ātrās dabas dēļ, viņam radās daudz grūtību. Viņš sita un sodīja savus padotos, kuri nepildīja to, ko viņš gaidīja. Un tad divi vīri uzskatot, ka viņi sodīti netaisni, un turot ļaunu prātu uz viņu, to nogalināja un pārgāja ienaidnieka pusē.

Tāpat arī tie, kas nemāk savaldīt savu dabu, sagādā sāpes apkārtējiem – gan mājās, gan darbā. Viņi sēj naidu starp sevi un cilvēkiem, kas nez vai pievedīs tos pie panākumiem dzīvē. Bet tas, kas ir gudrs, uzņemoties vainu uz sevi, parāda pacietību pat situācijā, kas provocē naidu. Un pat tad, kad kādam nav taisnība, viņi tikuši galā ar savām dusmām, mīkstinās šī cilvēka sirdi, mierinot viņu ar saviem vārdiem. Tādi gudri darbi noskaņo pret viņiem labvēlīgi daudzu ļaužu sirdis un ļauj tiem dzīvē gūt panākumus.

Atturība – galvenā Dieva bērnu īpašība.

Lai atmestu visus grēkus, mums, Dieva bērniem, vispirms nepieciešama atturība visā. Jo mazāk mūsos savaldības, jo grūtāk mums atbrīvoties no grēkiem. Klausoties Dieva Vārdu mēs pieņemam lēmumu mainīt sevi, tomēr vienalga pasaule atkal un atkal mūs kārdinās.

Par to var spriest pēc vārdiem, kas iziet no mūsu mutes. Daudzi cilvēki lūdzas prasot padarīt viņu lūpas tīras un pilnīgas. Tomēr ikdienas dzīvē viņi aizmirst par to, par ko viņi lūgušies un pēc vecā paraduma runā to, ko tiem sagribas. Saduroties ar to, ko tiem grūti saprast, kas ir pretrunā ar viņu domām un pārliecību, viņi sāk kurnēt un izrāda neapmierinātību.

Pēc tam viņi nožēlo, ka sūdzējušies, bet, kad viņus pārņem emocijas, viņi nespēj sevi kontrolēt. Un vēl, daži cilvēki mīl daudz runāt un sākot runāt, nevar apstāties. Viņi neatšķir patiesības vārdus no nepatiesības, nesaprot, kas jārunā un, kas – nav, tādēļ arī viņi izdara daudz kļūdu.

Mēs nevarēsim saprast atturības svarīgumu, redzot tajā tikai nepieciešamību kontrolēt savus vārdus.

Atturība pilnveido Svētā Gara augļus.

Atturības auglis, kā viens no Svētā Gara augļiem – tā nav vienkārši mācēšana atturēt sevi no grēku izdarīšanas. Atturība, kā viens no Svētā Gara augļiem vada citus Svētā Gara augļus, lai tie kļūtu pilnīgi. Tādēļ mīlestība – tas ir pirmais Gara auglis, bet atturība – pēdējais. Atturība, zināmā mērā mazāk ievērots auglis salīdzinājumā ar citiem augļiem, tomēr tas ļoti svarīgs. Tas pārvalda visus citus, lai būtu stabilitāte, kārtība un noteiktība. Tas tiek pieminēts, kā pēdējais Gara augļu pārskatā, tādēļ ka pārējie augļi var kļūt pilnīgāki pateicoties atturībai.

Piemēram, ja mums ir prieka auglis, tad mēs nevaram izrādīt

prieku, kur sagribas un jebkurā laikā. Ja jūsu sejā būs smaids tad, kad citi ļaudis bēdājas bērēs, tad ko viņi par jums teiks? Nez vai viņi pateiks, ka jūs esat ļoti laipns, tādēļ ka pienesat prieka augli. Neskatoties uz to, ka jūsu saņemtais glābšanas prieks ļoti liels, jums jākontrolē tā izpausmes, ņemot vērā situāciju. Tad tas kļūs par patiesu prieka augli.

Svarīgi būt savaldīgam arī tad, kad jūs parādāt uzticību Dievam. Īpaši, ja jums daudz pienākumu: jums jāsadala savs laiks tā, lai vajadzīgajā stundā būtu vajadzīgajā vietā. Lai cik patīkama būtu tikšanās, to jābeidz laikus. Atturības auglis tāpat nepieciešams, lai būtu uzticīgs visā Dieva namā.

Tas pats attiecas arī uz visiem citiem Svētā Gara augļiem, ieskaitot mīlestību, žēlsirdību, labprātību u.t.t. Kad sirdī pienestie augļi parādās darbos, jums jāseko Svētā Gara vadībai, lai pieņemtu visadekvātāko rīcību. Mēs varēsim ieplānot prioritāro darbu, lemjot, kas jādara pirmkārt, un kas – vēlāk. Mēs mācēsim saprast, kas jādara, - jāiet uz priekšu vai labāk jāatkāpjas. Tamlīdzīgas spējas atnāk kopā ar atturības augli.

Tas, kas pienesis visus Svētā Gara augļus pilnībā, visā seko Svētā Gara vadībai. Priekš tā, lai pildītu Svētā Gara vēlmes un būtu nevainojams darbos, mūsos jābūt atturības auglim. Lūk, kāpēc mēs sakām, ka visi Svētā Gara augļi pilnveidojas pateicoties atturībai – pēdējam no augļiem.

Liecības par to, ka pienests atturības auglis.

Kad sirdī dzimušie Svētā Gara augļi sāk parādīties darbos, tad atturības auglis kļūst par sava veida arbitrāžas centru, kurš seko, lai būtu harmonija un kārtība. Pat tad, kad mēs saņemam no Kunga kaut ko labu, mūsu darbi var izrādīties ne tie labākie. Pateikt kaut ko pārāk daudz – tas ir sliktāk nekā kaut ko nepateikt līdz galam. Garā arī viss jādara ievērojot mēra sajūtu, ieklausoties Svētā Gara vēlmēs.

Atļaujiet man tagad detalizētāk izstāstīt, kā izpaužas atturības auglis.

Pirmkārt, mēs visā pieturamies pie kārtības un hierarhijas.

Noskaidrojuši savu stāvokli eksistējošā kārtībā, mēs sapratīsim, kad jārīkojas, un kad – nav, kas mums jārunā un kas – nē. Tad neradīsies nekādu konfliktu, strīdu un pārpratumu. Un arī, mēs nesāksim darīt neko nevietā, kaut ko tādu, kas pārsniedz mūsu pilnvaru rāmjus. Piemēram, pieņemsim, ka misionāru grupas līderis paprasījis administratoram izdarīt, kādu noteiktu darbu. Šis administrators, pilns degsmes un viņam šķiet, ka viņam ir labāka ideja, un viņš izmaina plānu pēc personīgiem ieskatiem. Un, lai arī viņš strādājis ar tādu dedzību, viņš tomēr pārkāpis lietu kārtību savas nesavaldības dēļ.

Dievs augstu novērtēs mūsu pūles pieturēties pie likumiem, kuri paredzēti ļaudīm, kas ieņem dažādu pozīciju amatus draudzes misionāru grupā, tajā skaitā – prezidenta, vice - prezidenta, administratora, sekretāra vai kasiera. Mūsu līderu redzējums var atšķirties no mūsējā. Tad, neskatoties uz to, ka mūsu ceļš mums šķiet labāks, tādēļ ka tas var pienest vairāk augļus, tas vienalga nenesīs labus augļus, ja būs izjaukts miers un kārtība. Sātans katru reizi iejaucas situācijā, kurā tiek izjaukts miers un kārtība, un tas sarežģī Dieva darba izpildi. Ja runa neiet par skaidri redzamu nepatiesību, mums, domājot par grupu kopumā, jāparāda paklausība, jāsargā miers saskaņā ar noteikto kārtību, lai viss būtu izdarīts labākajā veidā.

Otrkārt, darot labu, mums jāņem vērā notiekošā jēga, laiks un vieta.

Piemēram, skaļi saukt uz Dievu lūgšanā – tas labi. Bet ja jūs to darīsiet kur pagadās, tad ar to jūs varat likt negodā Dievu. Un arī, kad jūs sludiniet Evaņģēliju vai apmeklējiet draudzes locekļus garīgās pamācīšanas ietvaros, jums jāizvēlas vārdi, kurus runājat. Pat ja jums pašiem saprotamas dziļas garīgas lietas, jūs nevarat tā vienkārši izplatīt tās. Ja jūs pateiksiet kaut ko, kas neatbilst klausītāja ticības mēram, tad tas var kļūt par piedauzības akmeni cilvēkam, vai arī viņš sāks tiesāt un apsūdzēt.

Dažos gadījumos cilvēks var sākt liecināt vai apspriest dziļas garīgas tēmas, ar ļaudīm, kuri tajā laikā aizņemti ar citu darbu. Neskatoties uz to, ka jūs runājat pareizas lietas, jūsu vārdi nebūs par pamācību citiem, ja tie teikti nepiemērotā situācijā. Pat ja ļaudis aiz pieklājības arī klausīsies jūs, viņi nez vai piešķirs kādu nozīmi jūsu liecībai, jo viņi aizņemti un nervozē. Atļaujiet man pievest vēl vienu piemēru. Ja uz konsultāciju ar mani atnākusi visa draudze vai ļaužu grupa, bet viens cilvēks pārāk ilgi stāsta savu liecību, tad par ko pārvērtīsies šī tikšanās? It kā cilvēks dod slavu Dievam, tādēļ ka viņš piepildīts ar pateicību un Garu. Bet rezultātā, viņš izmantojis sev personīgi visu laiku, kas bija paredzēts priekš veselas ļaužu grupas. Viss tas notiek, jo trūkst savaldības. Pat darot kaut ko labu, jums jākontrolē sevi un jāņem vērā apstākļi.

Treškārt, mums nav jāizrāda nepacietība un steiga, mums jābūt mierīgiem un jāreaģē uz situāciju, tiekot skaidrībā par to.

Tie, kas nav savaldīgi, parasti ir nepacietīgi un neuzmanīgi pret apkārtējiem. Jo vairāk viņi steidzas, jo mazāk viņiem iespēju saprast situāciju, tādēļ viņi var palaist garām kādas svarīgas detaļas. Viņi pārāk steidzīgi tiesā un nosoda cilvēkus, radot tiem neērtības. Nepacietīgie, kādu uzklausot vai tiem atbildot, pieļauj daudz kļūdu. Mums nav nepacietīgi jāpārtrauc, kad runā citi. Mums uzmanīgi jānoklausās viņi līdz galam, lai izvairītos no pārsteidzīgiem secinājumiem. Tad mēs varēsim, saprotot cilvēka nolūkus, reaģēt situācijai atbilstošā veidā.

Līdz tam, kā Pēteris saņēma Svētā Gara dāvanu, viņam bija sabiedrisks, bet nepacietīgs raksturs. Viņš izmisīgi centās kontrolēt savus pēkšņos jūtu uzplūdus, atrodoties blakus Jēzum, bet reizēm viņa raksturs tomēr lika sevi manīt. Kad Jēzus pirms krustā sišanas teica Pēterim, ka tas atteiksies no Viņa, Pēteris tūdaļ pat sāka Jēzum iebilst, sakot, ka viņš nekad neatteiksies no Kunga.

Ja Pēterim būtu atturības auglis, viņš, tā vietā, lai runātu pretī Jēzum, mēģinātu pareizi noreaģēt uz Jēzus vārdiem. Zinot, ka Jēzus – Dieva Dēls un, ka Viņš nekad nesāks runāt nevajadzīgas lietas, Pēterim vajadzēja iegaumēt Jēzus vārdus. Tas Viņam palīdzētu būt uzmanīgam, lai nekas tamlīdzīgs vairāk nekad nenotiktu. Atturība dara cilvēku spējīgu atpazīt situāciju un attiecīgi uz to reaģēt.

Jūdi bija ļoti augstprātīgi. Viņi lepojās ar to, ka stingri ievēroja Dieva Baušļus. Farizejiem un sadukejiem, kas bija politiskie un reliģiskie līderi sabiedrībā, nebija nekādu simpātiju pret Jēzu, jo Viņš izteica viņiem adresētus pārmetumus. Bet kad Jēzus teica, ka Viņš – Dieva Dēls, viņi to uzskatīja par Dieva zaimošanu. Tajā laikā tuvojās Pashā Svētki. Ražas novākšanas laikā viņi būvēja teltis, lai atcerētos par Iziešanu no Ēģiptes un pateiktos Dievam. Ļaudis parasti gāja uz Jeruzalemi, lai svinētu šos svētkus.

Tomēr, neskatoties uz svētku tuvošanos, Jēzus negatavojās iet uz Jeruzalemi, bet Viņa brāļi sāka Viņu pierunāt iet uz Jeruzalemi un parādot brīnumus, atklāt Sevi, lai nodrošinātu sev tautas atbalstu (Jāņa 7:3-5). Viņi teica: „Jo neviens neko nedara slepenībā, ja Viņš grib kļūt pazīstams. Ja Tu to gribi, rādies pasaulei," (Jāņa 7:4).

Pat tam, kas mums šķiet ļoti gudrs, var nebūt nekā kopīga ar Dievu, ja tas neatbilst Viņa gribai. Katram no Jēzus brāļiem bija pašam savas domas, tādēļ redzot, ka Jēzus mierīgi sēž un gaida, kad pienāks Viņa laiks, viņi padomāja, ka Viņš rīkojas nepareizi.

Ja Jēzum nebūtu tādas īpašības kā atturība, Viņš tūlīt pat dotos uz Jeruzalemi un atklātu tur Sevi tautai. Tomēr Viņš nesāka svārstīties Savu brāļu vārdu dēļ. Viņš vienkārši gaidīja piemērotu laiku, lai piepildītu Dieva providenci. Pēc tam, kad visi viņa brāļi bija aizgājuši uz Jeruzalemi, arī Viņš klusi devās uz Jeruzalemi, paliekot cilvēkiem nepamanāms. Viņš rīkojās pēc Dieva gribas, precīzi zinot, kad iet un, kad nekustēties no vietas.

Ja jūs gribat pienest atturības augli.

Kontaktējoties ar citiem, mēs bieži ievērojam atšķirību starp viņu vārdiem un to kas sirdī. Kādi tiecas uzsvērt citu trūkumus, lai noslēptu paši savu nolaidību. Viņi var kaut ko paprasīt, lai apmierinātu pašu mantkārību, bet pasniegt to tā, it kā neprasītu sev, bet vēl priekš kāda cita. Viņi izliekas, ka uzdod jautājumu, lai saprastu Dieva gribu, bet īstenībā tiecas sadzirdēt to, ko tiem gribas. Taču, ja jūs parunāsiet ar viņiem mierīgi, tad rezultātā atklāsies tas, kas viņiem sirdī.

Tie, kas izceļas ar atturību, ne tik viegli zaudē savaldību par to, ko runā citi cilvēki. Viņi var mierīgi tos uzklausīt un pateicoties Svētā Gara darbam atšķirt patiesību no nepatiesības. Zinot, kā atbildēt un savaldoties, var izbēgt no daudzām kļūdām, kas ir nepareizu lēmumu sekas. Šajā gadījumā viņu vārdi atšķirsies ar autoritāti un svaru, un tie varēs atstāt stiprāku iespaidu uz apkārtējiem. Tad, kā gan mēs varam pienest tik svarīgo atturības augli?

Pirmkārt, mūsu sirdīm jābūt pastāvīgām.

Mums jāizkopj sevī taisna sirds, kurā nav ne melu, ne viltus. Tad mums būs spēks, lai izpildītu savu lēmumu. Protams, ka mēs nevarēsim vienkārši tā, vienā naktī izkopt tādu sirdi. Mums nepieciešams turpināt tajā vingrināties, sākumā iemācoties savaldīt savu sirdi kaut vai sīkumos.

Dzīvoja viens meistars, un viņam bija mācekļi. Kādu reizi viņi gāja pa tirgu un starp viņiem un vienu no tirgotājiem radās nesaprašanās un viņi sāka strīdēties. Mācekļi iesaistījās strīdā, bet meistars palika pilnīgi mierīgs. Pēc tam kad viņi atgriezās no tirgus, viņš izņēma no skapja sainīti ar vēstulēm. Šo vēstuļu autori nepamatoti viņu kritizēja. Meistars tās parādīja saviem mācekļiem.

Pēc tam viņš teica: „Es nevaru izvairīties no pārpratumiem. Mani nesatrauc tas, ka ļaudis var nepareizi mani saprast. Es nevaru izvairīties no netīrumiem, kuri trāpīs man pirmo reizi, bet es varu nepieļaut muļķību atkārtoti trāpīt man ar tiem pašiem netīrumiem."

Šeit domāts tas fakts, ka, ja jūs esat kļuvuši par ļaužu tenku objektu, tad jums trāpījuši pirmie netīrumi. Bet, ja jūs šo tenku dēļ sākat izjust nepatikas jūtas un iesaistāties strīdos un ķildās, tad ar to jūs ļāvāt otrai dubļu pikai trāpīt sev.

Ja jums sirds būs tāda pat kā šim meistaram, tad jūs arī

nezaudēsiet paškontroli līdzīgā situācijā. Jūs varat pasargāt savu sirdi no ļauna un jūsu dzīve būs mierīga. Tie, kas var pasargāt savu sirdi no ļaunuma, spēj sevi kontrolēt pie jebkuriem apstākļiem. Jo mazāk jūsu sirdī tāda ļaunuma kā ienaids, skaudība un greizsirdība, jo vairāk mēs uzticamies un mīlam Dievu.

Tas, ko mani vecāki man mācīja bērnībā, ļoti palīdzēja man manā mācītāja kalpošanā. Man skaidroja, kā pareizi runāt, kustēties, mācīja labas manieres un pieklājīgu uzvedību. Es iemācījos sargāt savu sirdi un vadīt sevi. Kad mēs pieņemam lēmumu, mums tas jāpilda un nav jāmaina par labu savām interesēm. Šim pūlēm jāsakrājas un, tad mūsu sirds kļūs pastāvīga, un mēs iegūsim spēku, kas nepieciešams atturībai.

Otrkārt, jums jāradina sevi pildīt Svētā Gara vēlmes, nepievēršot uzmanību savām personiskajām.

Pēc tā mēra, kā mēs iepazīstam Dieva Vārdu, Svētais Gars ļauj mums caur Vārdu atpazīt Viņa balsi. Pat ja mūs nepelnīti kaut kādā lietā apvaino, Svētais Gars saka mums piedot un mīlēt. Un tad jau mēs domājam: „Šim cilvēkam vajadzētu būt iemesliem darīt to, ko viņš dara. Es pacentīšos novērst šo pārpratumu, draudzīgi parunājot ar viņu." Bet ja jūsu sirds piepildīta ar nepatiesību, tad jūs, pirmkārt, sadzirdēsiet sātana balsi: „Ja es likšu viņu mierā, tad viņš skatīsies uz mani no augšas uz leju. Man jādod viņam mācība." Pat dzirdot Svētā Gara balsi mēs varam to palaist garām, jo tā pārāk vāja, tādēļ ka to apslāpē ļaunais ar kuru piepildītas domas.

Tādēļ dzirdēt Svētā Gara balsi mēs varam tikai tad, kad centīgi attīrot savu sirdi no nepatiesības, mēs to piepildīsim ar Dieva Vārdu. Ja mēs klausīsimies Svētā Gara balsī pat tad, kad tā skan vāji, tad pakāpeniski tā kļūs stiprāka. Iesākumā jāpacenšas saklausīt Svētā Gara balsi, un nedomāt par to, kas mums šķiet vairāk aktuāls vai pareizs. Pēc tam, kad mēs iemācīsimies dzirdēt Viņa balsi un saņemsim Viņa vadību, mums nepieciešams kļūt paklausīgiem un darbos pildīt to, ko Viņš mums aicina. Iemācot sevi būt uzmanīgiem pret Svētā Gara vēlmēm un vienmēr paklausīgi tās izpildot, mēs iemācīsimies atpazīt pat pašu klusāko Svētā Gara aicinājumu. Tad mums būs harmonija visā.

Atturība var šķist mazāk svarīgs auglis starp citiem Deviņiem Svētā Gara augļiem. Taču tas, jebkurā gadījumā nepieciešams arī tad, kad ir pārējie augļi. Atturība vada pārējos astoņus Svētā Gara augļus: mīlestību, prieku, mieru, pacietību, laipnību, labprātību, ticību un lēnprātību. Bez tam, visi astoņi augļi kļūs pilnīgi tikai pateicoties atturības augļiem, tādēļ pēdējais auglis, atturības auglis – ļoti svarīgs.

Katrs no šiem Svētā Gara augļiem dārgāks un brīnišķīgāks nekā jebkurš šīs pasaules dārgakmens. Mēs varam saņemt visu, par ko lūdzam lūgšanā, un gūsim panākumus visā, ja pienesīsim Svētā Gara augļus. Mēs tāpat varam dot Dievam godu, parādot Gaismas spēku un varu šai pasaulei. Es ceru, ka jūs slāpsiet pēc Svētā Gara augļiem un vēlēsieties tos vairāk, nekā jebkuras šīs pasaules bagātības.

Vēst. Galatiešiem 5:22-23

„Bet Gara auglis ir: mīlestība, prieks, miers, pacietība, laipnība, labprātība, uzticamība, lēnprātība, atturība. Pret tādām lietām nav bauslības,"

Pret tādām lietām nav bauslības

11. nodaļa

Pret tādām lietām nav bauslības

Jo brīvībai jūs esat aicināti
Rīkojaties pēc Gara
Pirmais, no Deviņiem augļiem mīlestība
Pret tādām lietām nav bauslības

Pret tādām lietām nav bauslības

Pāvils bija dedzīgs jūds, viņš gāja uz Damasku, lai arestētu jebkuru, kas būtu kristietis. Taču pa ceļam viņš satika Kungu un nožēloja grēkus. Tajā laikā viņš nesaprata Evaņģēlija patiesību, kas nes glābšanu ticībā uz Jēzu Kristu, bet pēc tam, kad Viņš saņēma Svētā Gara dāvanu, viņš sāka evaņģelizēt pagāniem Svētā Gara vadībā.

Deviņi Svētā Gara augļi uzskaitīti Vēstulē Galatiešiem 5. nodaļā, kura ir viena no viņa vēstulēm. Ja mēs sapratīsim tā laika situāciju, tad sapratīsim arī to, kāpēc Pāvils uzrakstījis Vēstuli Galatiešiem un cik svarīgi kristiešiem pienest Gara augļus.

Jo brīvībai jūs esat aicināti.

Savā pirmajā misijas ceļojumā Pāvils devās uz Galatiju. Sinagogā viņš sludināja nevis Mozus Baušļus un ne apgraizīšanu, bet tikai Jēzus Kristus Evaņģēliju. Viņa vārdi apstiprinājās ar līdzejošām zīmēm un daudz ļaužu saņēma glābšanu. Draudzes ticīgie Galatijā mīlēja viņu tā, ka, ja būtu bijis vajadzīgs, tad tie pat savas acis izrautu un atdotu tās Pāvilam.

Pēc tam, kad Pāvils beidza savu pirmo misijas ceļojumu, viņš atgriezās Antiohijā, un pa to laiku draudzē radās problēmas. Cilvēki, kas atnāca no Jūdejas, mācīja brāļiem to, ka pagāniem jāapgraizās, lai saņemtu glābšanu. Pāvilam un Barnabam bija nopietnas nesaskaņas un strīdi ar viņiem.

Brāļi nolēma, ka Pāvilam un Barnabam un vēl kādiem no viņiem vajadzētu doties ar šo lietu uz Jeruzalemi pie apustuļiem un presbiteriem. Viņi juta nepieciešamību nonākt pie atrisinājuma jautājumā par Mozus Bauslību, sludinot Evaņģēliju pagāniem kā Antiohijas draudzē, tā arī Galatijā.

Apustuļa darbu 15. nodaļā aprakstīts, kas bija līdz un pēc sapulces Jeruzalemē, kas dod mums iespēju izdarīt secinājumu, cik nopietna bija situācija tajā laikā. Apustuļi, kuri bija Jēzus mācekļi un tāpat presbiteri un draudžu pārstāvji sapulcējās kopā un pēc karstām diskusijām nonāca pie secinājuma par to, ka pagāniem jāatturas no „elku pielūgsmes un asinīm, un nožņaugtā un netiklības."

Viņi sūtīja cilvēkus uz Antiohiju ar oficiālu vēstuli, sarakstītu pēc sapulces rezultāta, jo Antiohija bija pagānu evaņģelizācijas centrs. Viņi deva kādu brīvību pagāniem Mozus Baušļu pildīšanā, tādēļ ka tiem bija grūti izpildīt Bauslību tāpat kā Jūdiem. Tādā veidā jebkurš pagāns varēja saņemt glābšanu ticot Jēzum Kristum.

Apustuļu darbos 15:28-29, teikts: „Jo Svētajam Garam un mums ir paticis jums neuzlikt nekādu citu nastu kā vien šo nepieciešamo: sargāties no elku upuriem, asinīm, nožņaugtā un netiklības; no tā sargādamies, jūs labi darīsiet. Dzīvojiet veseli!"

Jeruzalemes sapulces secinājums bija nodots draudzēm, taču tie, kas nesaprata Evaņģēlija patiesību un glābšanas ceļu caur krustu, turpināja draudzēs mācīt par to, ka ticīgajiem jāpilda Mozus Bauslība. Draudzēs tāpat parādījās kādi viltus pravieši, kas kūdīja ticīgos kritizējot Pāvilu, kas it kā nav mācījis Bauslību.

Kad, kas tamlīdzīgs notika Galatijas draudzē, apustulis Pāvils savā vēstulē viņiem izskaidroja, kas ir patiesā kristiešu brīvība. Pateicis, ka viņš bija stingri ievērojis Mozu Bauslību, taču pēc satikšanās ar Kungu kļuva par pagānu apustuli, Pāvils ar to pašu mācīja viņiem Evaņģēlija patiesību: „To vien vēlos no jums dabūt zināt: vai jūs Garu esat saņēmuši ar bauslības darbiem vai ar ticības sludināšanu? Vai jūs esat tik neprātīgi? Garā iesākuši, jūs tagad miesā gribat pabeigt? Vai tik lielas lietas jūs velti esat piedzīvojuši? Taču ne velti! Vai tad nu Tas, kas jums sniedz Garu un jūsos dara brīnumus, to dara ar bauslības darbiem vai ar ticības sludināšanu?" (Vēst. Galatiešiem 3:2-5).

Viņš apgalvoja, ka Jēzus Kristus Evaņģēlijs, ko viņš sludināja, ir patiesība, tādēļ ka tā bija atklāsme no Dieva. Tādēļ pagāniem nav vajadzīgs apgraizīt savu miesu, daudz svarīgāk tiem ir apgraizīt savu sirdi. Viņš tāpat mācīja par to, ka ir miesas vēlmes un ir Svētā Gara vēlmes; runāja par miesas darbiem un Svētā Gara augļiem. Ar to pašu viņš palīdzēja tiem saprast, kā viņiem jāizmanto sava brīvība, kuru tie ieguvuši, pateicoties Evaņģēlija patiesībai.

Dzīvojiet pēc Gara.

Kāpēc gan tad Dievs devis Mozus Bauslību? Tādēļ, ka ļaudīs bija ļaunums, un viņi neatzina grēku par grēku. Dievs ļāva viņiem atpazīt grēku un deva iespēju, atrisināt grēka problēmu, iegūt Dieva taisnību. Taču grēka problēmu pilnībā nevar novērst ar Bauslības darbiem, un šī iemesla dēļ Dievs pieļāva ļaudīm iegūt Dieva taisnību caur ticību Jēzum Kristum. Vēstulē Galatiešiem 3:13-14, mēs lasām: „Kristus ir mūs atpircis no bauslības lāsta, mūsu labā kļūdams par lāstu, jo ir rakstīts: nolādēts ir ikkatrs, kas karājas pie koka,- lai Ābrahama svētība nāktu pār pagāniem Kristū

Jēzū, lai mēs saņemam Gara apsolījumu ticībā."

Bet tas nenozīmē, ka Bauslība ir atcelta. Mateja Evaņģēlijā 5:17, Jēzus saka: „Nedomājiet, ka Es esmu atnācis atmest bauslību vai praviešus. Es neesmu nācis tos atmest, bet piepildīt," un tālāk turpinot 20. pantā Viņš teica: „Jo Es jums saku: ja jūsu taisnība nav labāka par rakstu mācītāju un farizeju taisnību, tad jūs nenāksiet Debesu valstībā."

Apustulis Pāvils, vēršoties pie ticīgajiem Galatijas draudzē, saka: „Mani bērni, par kuriem es no jauna ciešu radību sāpes, līdz kamēr Kristus izveidosies jūsos!" (Vēst. Galatiešiem 4:19) un beigās dod viņiem padomu sakot: „Jo jūs, brāļi, esat svabadībai aicināti. Tik ne tādai svabadībai, kas dod vaļu miesai, turpretim kalpojiet cits citam mīlestībā. Jo visa bauslība ir vienā vārdā izpildīta, proti, tanī: tev būs savu tuvāko mīlēt kā sevi pašu. – Bet, ja jūs savā starpā kožaties un ēdaties, tad pielūkojiet, ka jūs cits citu neaprijat!" (Vēst. Galatiešiem 5:13-15).

Kas mums, kā Dieva bērniem, kas saņēmuši Svētā Gara dāvanu, jādara, lai kalpotu cits citam ar mīlestību, kamēr Kristus neizveidosies mūsos? Mums jāseko Svētā Gara vadībai, lai nepadotos miesas vēlmēm. Mēs varēsim mīlēt savus tuvākos un mūsos noformēsies Kristu veidols, tikai ja mēs pienesīsim Deviņus Svētā Gara augļus Viņa vadībā.

Jēzus Kristus ņēma uz sevi Bauslības lāstu un nomira pie krusta, lai arī bija bezvainīgs, un pateicoties Viņam, mēs ieguvām brīvību. Lai mēs atkal no jauna nekļūtu grēka vergi, mums jāpienes Gara augļi.

Ja mēs atkal grēkojam, esot ar šo brīvību, tad mēs no jauna sitam krustā Kungu ar to, ka darām miesas darbus, un mēs nemantosim Dieva Valstību. Un otrādi, ja mēs pienesam Gara augli, esot Garā, Dievs aizsargās mūs, un ienaidniekus, velns un sātans, nevarēs kaitēt mums. Un arī, mēs saņemsim visu, par ko prasīsim lūgšanā.

„Mīļie, kad mūsu sirds nepazudina mūs, tad mums ir paļāvība uz Dievu, un visu, ko mēs lūdzam, to saņemam no Viņa, jo mēs turam Viņa baušļus un darām to, kas Viņam patīkams. Bet šis ir Viņa bauslis, lai mēs ticam Viņa Dēlam, Jēzus Kristus Vārdam un mīlam cits citu, kā Viņš mums ir pavēlējis," (1. Jāņa vēst. 3:21-23).

„Mēs zinām, ka ikviens, kas no Dieva dzimis, negrēko, bet tas, kas no Dieva dzimis, pasargā sevi, un ļaunais neaizskar viņu," (1. Jāņa vēst. 5:18)

Mēs varam pienest Gara augļus un baudīt kristiešiem dāvāto brīvību, kad mūsos ir ticība būt garā un ticība, kura darbojas caur mīlestību.

Pirmais no Deviņiem augļiem – mīlestība.

Pirmais no Deviņiem Gara augļiem ir mīlestība. 13. nodaļā par mīlestību, 1. vēst. Korintiešiem runāts par garīgās mīlestības izkopšanu, bet mīlestība, kā Svētā Gara auglis atrodas uz augstāka līmeņa – tā ir neierobežota un bezgalīga mīlestība, kura izpilda Baušļus. Tā – Dieva un Jēzus Kristus mīlestība. Esot ar tādu mīlestību, mēs ar Svētā Gara palīdzību varēsim pilnībā pienest upurim savu personīgo „es".

Mēs mācēsim pienest prieka augli tādā mērā, kādā izkopsim mīlestību, kura ļauj priecāties un līksmot neskatoties uz situācijām. Tad jums nebūs ne ar vienu problēmas, un jums izdosies pienest miera augli.

Kad mums ir miers ar Dievu un pašiem ar sevi, un tāpat ar visiem pārējiem, tad mēs pilnīgi dabīgi, pienesīsim pacietības augli. Dievs grib, lai mēs būtu ar tādu pacietību, kas nāktu no mūsos esošās labestības un patiesības pilnības, bet nebūtu mūsu pašu pūļu rezultāts, piespiežot sevi kaut ko paciest. Ja mūsos ir patiesa mīlestība, tad mēs varēsim saprast un pieņemt jebkuru cilvēku, pie tam esot bez jebkādām nepatikas jūtām. Tādēļ mums nenāksies piedot vai ciest kaut ko mūsu sirdī.

Parādot ar laipnību, pacietību pret citiem, mēs pienesīsim labprātības augli. Ja mēs būsim pacietīgi ar tiem, kurus mēs patiesībā nesaprotam, tad mēs varēsim attiekties pret viņiem labvēlīgi. Pat ja viņi dara to, kas nepavisam neatbilst normai, mēs vienalga pacentīsimies saprast un pieņemt viņu redzes viedokli.

Tie, kas pienes labprātības augli, atšķiras ar laipnību. Viņi uzskata citus par labākiem par sevi un rūpējas par viņu interesēm tāpat, kā par savējām. Viņi ne ar vienu nestrīdas, nepaceļ balsi. Viņiem Kunga sirds, Kurš ielūzušu niedri nesalauzīs, un kvēlojošu dakti nenodzēsīs. Pienesot tamlīdzīgu labprātības augli, jūs nesāksiet uzstāt uz savu personīgo viedokli. Jūs būsiet lēnprātīgi un uzticami visā Dieva namā.

Ļaudis, kuri lēnprātīgi, nekļūs par klupšanas akmeni nevienam, un turēs mieru ar visiem. Viņiem – dāsna sirds, tādēļ viņi netiesā un nenosoda nevienu, bet saprot un pieņem citus cilvēkus.

Lai pienestu mīlestības, prieka, miera, pacietības, laipnības, labprātības, uzticamības un lēnprātības augļus harmonijā, mums jābūt savaldīgiem. Pārpilnība Dievā – tas ir labi, tomēr Dieva darbiem jātiek darītiem atbilstoši kārtībai. Tam mums vajadzīgas atturības jūtas, lai nepārcenstos, pat darot kaut ko labu. Kad mēs, lūk tā sekojam Svētā Gara gribai, Dievs izdarīs tā, lai viss izdotos mums par labu.

Pret tādām lietām nav bauslības.

Palīgs, Svētais Gars, virza Dieva bērnus uz patiesību, lai tie varētu baudīt brīvību un laimi. Patiesa brīvība – tā ir glābšana no grēkiem un sātana varas, kurš cenšas neļaut mums kalpot Dievam un baudīt laimīgu dzīvi. Šo laimi var tāpat piedzīvot dzīvojot sadraudzībā ar Dievu.

Vēstulē Romiešiem 8:2, mēs lasām: „Jo dzīvības Gara bauslība Kristū Jēzū tevi ir atsvabinājusi no grēka un nāves bauslības"; tas ir, šī ir brīvība, kuru var saņemt tikai tad, kad mēs ticam Jēzum Kristum savā sirdī un staigājam Gaismā. Šo brīvību neiespējami iegūt ar cilvēku spēkiem. To nekad nevar iegūt bez Dieva labvēlības, un tā – svētība, kuru mēs varam baudīt līdz tam laikam, kamēr mēs glabājam savu ticību.

Jāņa Evaņģēlijā 8:32, Jēzus tāpat saka: „Un jūs atzīsiet patiesību, un patiesība darīs jūs brīvus." Brīvība – tā ir patiesība un tā ir nemainīga. Tā dod mums dzīvību un vada mūs pie mūžīgās dzīvības. Šajā iznīkstošajā un mainīgajā pasaulē nav patiesības;

tikai nemainīgais Dieva Vārds – patiesība. Lai iepazītu patiesību, jāmācās Dieva Vārds, jāatceras to un jāpielieto darbos.

Taču lietot patiesību praktiski ne vienmēr ir viegli. Cilvēkos ir nepatiesība, kuru viņi iepazina agrāk, nekā nāca pie Dieva, un šī nepatiesība traucē viņiem pielietot patiesību darbos. Miesas likums, kas vēlas sekot nepatiesībai un dzīvības Gara likums, kurš slāpst sekot patiesībai, cīnīsies cits ar citu (Vēst. Galatiešiem 5:17). Tas ir karš par patiesu brīvību. Un šī cīņa turpināsies līdz tam laikam, kamēr mūsu ticība nenostiprināsies un mēs nenostāsimies uz ticības akmens, kurā nav nekādas šaubīšanās.

Kad mēs stāvam uz ticības akmens, tad cīnīties daudz vieglāk. Kad mēs atmetīsim visu ļaunumu un kļūsim apgaismoti, tad mēs beidzot varēsim baudīt īsto brīvību. Mums vairāk nenāksies cīnīties, tādēļ ka mēs visu laiku pielietosim tikai patiesību. Ja mēs pienesīsim Svētā Gara augļus Viņa vadībā, tad neviens nevarēs mums traucēt dzīvot īstajā brīvībā. Lūk, kādēļ Vēstulē Galatiešiem 5:18, mēs lasām: „Bet, ja Gars jūs vada, tad jūs vairs neesat padoti bauslībai" un tālāk 22. un 23. pantos, rakstīts: „Bet, Gara auglis ir: mīlestība, prieks, miers, pacietība, laipnība, labprātība, uzticamība, lēnprātība, atturība. Pret tādām lietām nav bauslības."

Vēstule par Deviņiem Svētā Gara augļiem līdzīga atslēgai, kura atver svētību vārtus. Tomēr no tā, ka mums ir atslēga, svētību vārti paši par sevi neatveras. Mums atslēga jāieliek slēdzenē un tos jāatver; tas pats attiecas arī uz Dieva Vārdu. Lai cik mēs to neklausītos, tas pilnībā nekļūs mūsu. Mēs varam saņemt svētības, kuras ir Dieva Vārdā tikai tad, kad mēs to pielietosim praktiski.

Mateja Evaņģēlijā 7:21, teikts: „Ne ikkatrs, kas uz Mani saka: Kungs! – ieies Debesu valstībā, bet tas, kas dara Mana Debesu Tēva prātu." Jēkaba vēstulē 1:25, teikts: „Bet, kas ieskatīsies un paliks pilnīgajā svabadības likumā, nebūdams aizmāršīgs klausītājs, bet darba darītājs, tas būs svētīgs savā darbībā."

Priekš tā, lai mēs saņemtu Dieva mīlestību un svētības, ļoti svarīgi atcerēties, ka ir Svētā Gara augļi, atcerēties par tiem un pienest šos augļus praktizējot Dieva Vārdu. Ja mēs pienesīsim visus Svētā Gara augļus, pilnībā pielietojot patiesību darbos, tad mēs baudīsim brīvību patiesībā. Mēs skaidri sadzirdēsim Svētā Gara balsi un iegūsim Viņa vadību visos savos ceļos un gūsim panākumus visā. Es lūdzos Kunga vārdā, lai mums būtu lieli pagodinājumi gan šeit uz šīs zemes; gan Jaunajā Jeruzalemē, mūsu noliktā ticības ceļa beigu punktā.

Autors:
dr. Džejs Roks Lī

Dr. Džejs Roks Lī dzimis 1943. gadā, Muanas pilsētā, Džeonnas provincē, Korejas Republikā. No divdesmit četru gadu vecuma dr. Lī cieta no dažādām neārstējamām slimībām un septiņus ilgus gadus gaidīja nāvi bez jebkādas cerības uz izdziedināšanos. Bet kādu reizi, 1974. gada pavasarī, māsa aizveda viņu uz baznīcu, kur viņš nokrita uz ceļiem un lūdzās, un Dzīvais Dievs vienā mirklī viņu dziedināja no visām slimībām.

No tās minūtes, kad dr. Lī satikās ar dzīvo Dievu, viņš patiesi Viņu iemīlēja no visas sirds, un 1978. gadā bija aicināts kalpošanai Dievam. Viņš centīgi lūdzās, lai skaidri saprastu Dieva gribu un paklausītu ikvienam Dieva vārdam. 1982. gadā viņš dibināja Centrālo „Manmin" draudzi Seulas pilsētā (Koreja), un no tā momenta neskaitāmi Dieva darbi, ieskaitot brīnumainas dziedināšanas un Dieva zīmes, tika parādītas šajā draudzē.

1986. gadā dr. Lī saņēma roku uzlikšanu mācītāja kalpošanai Korejas Kristus baznīcas Asamblejā Sinkuolā, bet vēl pēc četriem gadiem, 1990. gadā viņa svētrunas sāka translēt Austrālijā, Krievijā un Filipīnās. Īsā laikā, pateicoties „Tālo Austrumu" raidkompānijai, „Āzijas pārraides kompānijai" un Vašingtonas kristīgai radiostacijai, pie tām pievienojās arī daudzas citas valstis.

Pēc trīs gadiem, 1993. gadā žurnāls „Christian World" (ASV) iekļāva Centrālo „Manmin" draudzi piecdesmit labāko pasaules draudžu sarakstā; Kristīgās ticības koledža Floridas štatā (ASV) piešķīta dr. Lī goda doktora pakāpi evaņģelizēšanā; bet 1996. gadā Kingsvejas Teoloģijas seminārs (Aiovas štats ASV) piešķīra viņam doktora pakāpi.

No 1993. gada dr. Lī novadījis evaņģelizācijas kalpošanas lielu aizrobežu krūseidu laikā Tanzānijā, Argentīnā, ASV (Losandželosā, Baltimorā, Ņujorkā un Havajās), un tāpat Ugandā, Japānā, Pakistānā, Kenijā, Filipīnās, Hondurasā, Indijā, Krievijā, Vācijā un Peru, Demokrātiskajā Kongo Republikā, Izraēlā un Igaunijā.

2002. gadā vadošās kristīgās avīzes Korejā nosauca viņu par pasaules mēroga garīgās atmodas veicinātāju, atzīmējot viņa vareno kalpošanu daudzu aizrobežu krūseidu novadīšanas gaitā, tajā skaitā 2006. gadā krūseids ar viņa piedalīšanos notika pašā ievērojamākajā pasaules arēnā – Medisona Skvēra Parkā. Šis notikums tika pārraidīts uz 220 valstīm. Bet Izraēlas apvienotais krūseids 2009. gadā notika Starptautiskajā konvencijas centrā (SKC) Jeruzalemē, un tajā dr. Lī droši pasludināja, ka Jēzus Kristus bija Mesija un Glābējs.

Viņa svētrunas tiek pārraidītas uz 176 valstīm caur satelītu pārraižu kanāliem, tajā skaitā GCNTV. Populārais kristīgais žurnāls InVictoru, kas tiek izdots krievu valodā, un ziņu aģentūra Christian Telegraph iekļāvuši dr. Lī 10 pašu iespaidīgāko kristiešu līderu sarakstā 2009. un 2010. gadā par viņa spēcīgo sludināšanu televīzijā un mācītāja kalpošanā aiz robežām.

Pēc 2013. gada datiem uz oktobri, Centrālās „Manmin" draudzes locekļu skaits sasniedza vairāk kā 120 000 cilvēku. Visā pasaulē, kā Korejā, tā arī aiz tās robežām, bija nodibinātas vairāk kā 10 000 draudzes filiāles; pašreizējā momentā vairāk kā 130 draudzes misionāri darbojas 23 valstīs, ieskaitot ASV, Krieviju, Vāciju, Kanādu, Japānu, Ķīnu, Franciju, Indiju, Keniju un daudzas citas valstis.

Šīs grāmatas publicēšanas momentā dr. Lī bija uzrakstījis vairāk kā 60 grāmatas, ieskaitot tādus bestsellerus kā „Atklāsme par mūžīgo dzīvi nāves vārtu priekšā", „Mana dzīve, mana ticība" (I un II), „Vārds par Krustu", „Ticības mērs", „Debesis" (I un II), „Elle", „Mosties, Izraēla!" un „Dieva spēks." Viņa grāmatas bija tulkotas 76 pasaules valodās.

Viņa raksti par kristīgās ticības tēmu publicēti sekojošos periodiskajos izdevumos:

TheHankookIlbo,TheJoongAngDaily,TheChosunIlbo,TheDong-AIlbo,TheMunhwaIlbo,TheSeoulShinmun,TheKyunghyangShinmun,TheKoreaEconomicDaily,TheKoreaHerald,TheShisaNewsunTheChristianPress.

Pašreizējā laikā dr. Lī ir vadošais daudzās misionāru organizācijās un asociācijās. Viņš, tajā skaitā, ir galvenais Apvienotās Jēzus Kristus svētumu baznīcas valdē, Starptautiskās misionāru organizācijas „Manmin" prezidents, „Globālā kristīgā tīkla" (GKT), „Vispasaules ārstu – kristiešu tīkla" (VĀKT), „starptautiskā Manmin semināra" (SMS) valdes priekšsēdētājs.

Citas spilgtākās šī autora sarakstītās grāmatas.

Debesis I un II

Precīzs apraksts par lieliskajiem apstākļiem, kuros dzīvo Debesu pilsoņi, spilgts apraksts par dažādu Debesu līmeņu valstībām.

Atklāsmes par mūžīgo dzīvi uz nāves sliekšņa

Personīgās dr. Džeja Roka Lī atmiņas – liecības, kurš bija piedzimis no Augšienes un glābts, ejot caur nāves ēnas ieleju, un no tā laika parāda ideālu piemēru tam, kā vajadzētu dzīvot kristietim.

Elle

Nopietns vēstījums cilvēcei no Dieva, Kurš negrib, lai pat viena dvēsele atrastos elles dzelmē! Jūs atklāsiet sev līdz šim nezināmas lietas par nežēlīgo zemāko kapu un elles realitāti.

Mana Dzīve, Mana Ticība I un II

Dzīve, kas uzplauka pateicoties ne ar ko nesalīdzināmai Dieva mīlestībai, drūmu viļņu vidū, zem nastas smaguma un dziļa izmisuma un izplata pašu labāko garīgo aromātu.

Ticības mērs

Kādas mājvietas un kādi vainagi un balvas sagatavotas mums Debesīs? Šī grāmata satur gudrību un pamācības, kas nepieciešamas tam, lai izmērītu savu ticību un izaudzētu to līdz pilnīga brieduma mēram.

www.urimbooks.com

www.ingramcontent.com/pod-product-compliance
Lightning Source LLC
LaVergne TN
LVHW010209070526
838199LV00062B/4514